UN MESSAGE POUR TOI
est le trois cent sixième livre publié par Les éditions JCL inc.

Données de catalogage avant publication (Canada)

Sauvageau, Annie, 1967-
Un message pour toi
ISBN 2-89431-306-3
1. Deuil - Aspect psychologique. 2. Enfants - Mort - Aspect psychologique. 3. Parents - Psychologie. 4. Sauvageau, Annie, 1967- . I. Titre. 1.

BF575.G7S33 2004 155.9'37'085 C2003-942207-0

Édition originale : février 2004

Un message pour toi

COLLECTION
TÉMOIGNAGE

930, rue Jacques-Cartier Est,
CHICOUTIMI (Québec) G7H 7K9 Canada
Tél. : (418) 696-0536 – Téléc. : (418) 696-3132 www.jcl.qc.ca
ISBN 2-89431-306-3

Annie Sauvageau

Un message pour toi

LES ÉDITIONS JCL

Nous reconnaissons l'aide financière du gouvernement du Canada par l'entremise du Programme d'aide au développement de l'industrie de l'édition (PADIÉ) pour nos activités d'édition. Nous bénéficions également du soutien de la SODEC et, enfin, nous tenons à remercier le Conseil des Arts du Canada pour l'aide accordée à notre programme de publication.

Gouvernement du Québec – Programme de crédit d'impôt pour l'édition de livres – Gestion SODEC

À vous qui avez le cœur meurtri
par la perte de votre enfant, que mon histoire
puisse vous redonner l'espoir d'une vie heureuse,
malgré l'épreuve, tout en prenant conscience
que la mort n'est pas la fin, mais simplement
le passage vers une autre dimension...

Remerciements

Je veux remercier Annie, cette si gentille personne qui m'a permis de vivre des expériences merveilleuses grâce à son don surnaturel. Elle m'a appris qu'il existe, au-delà de ce que l'on voit, un monde fascinant rempli d'amour et de paix. Je ne lui serai jamais assez reconnaissante de m'avoir permis de tant évoluer. Elle m'a aidée, ni plus ni moins, à « me sauver la vie »!

Je veux souligner aussi l'apport d'une femme exceptionnelle, Anne-Marie. Sa sagesse et sa bonté m'ont été d'un grand secours. Par son exemple, elle m'a donné le goût de devenir une meilleure personne. Elle s'est révélée un modèle à suivre dans l'accomplissement de ma mission sur terre.

Je m'en voudrais d'oublier ma grande amie Jacynthe. Grâce à son oreille attentive, j'ai pu m'exprimer autant de fois que j'en ai ressenti le besoin. Elle m'a redonné le goût de porter un regard positif sur la vie. Elle possède une grande faculté de compréhension, et son fabuleux sens de l'humour m'a souvent permis de dédramatiser le cours des événements. Jacynthe, tu es bien précieuse à mes yeux.

Mon amoureux, Guy, a également toute ma gratitude. Son ouverture d'esprit, sa grandeur d'âme et son indéfectible complicité ont largement contribué à faire de ce projet une réalité. Guy, je suis si heureuse à tes côtés. Je t'adore!

Quant à Kevin, mon beau jeune homme raisonnable de quinze ans, son courage, sa détermination et sa force m'ont donné le goût de continuer à vivre. Tu es un bel exemple de jeunesse, Kevin. Je t'aime si fort!

Enfin, un merci tout particulier à Francis, mon petit rayon de soleil qui vit là-haut. Sans lui, je ne serais pas aujourd'hui cette personne heureuse, positive, amoureuse de la vie et apte à la considérer d'une façon plus pénétrante. Sans lui, je ne serais pas si sereine. Il m'a beaucoup appris. Francis est une vieille âme débordante de sagesse. Par le don de soi, il peut maintenant dire : « Mission accomplie. » Je t'aimerai toujours, mon petit homme!

Pour terminer, un coup de chapeau cordial à Daisy, ma première lectrice, pour la correction de ce livre. Ses commentaires pertinents et ses encouragements m'ont persuadée qu'il m'était vraiment possible d'aider les gens.

A.S.

Avant-propos

C'est avec beaucoup d'humilité et après de longues heures de travail que je vous offre notre histoire. Elle m'a été inspirée par mon fils décédé en septembre 1997. Francis souhaitait, à travers moi, terminer sa mission en aidant les parents endeuillés à surmonter cette terrible épreuve et à se reconstruire une existence susceptible de faire d'eux des êtres meilleurs.

Je ne suis pas écrivaine, loin de là. J'ai eu de la difficulté à accepter ce projet, car je ne me connaissais aucune aptitude à livrer mon expérience de façon systématique et structurée. Le manque de confiance en moi était également bien ancré dans mes tripes. Certes, j'étais prête à m'impliquer pour Francis, mais je ne savais pas comment, ni par où commencer. J'ai attendu des mois et, après plusieurs indices éloquents et irréfutables, j'ai compris que je devais plonger tête baissée en faisant confiance à la vie et, surtout, en y mettant tout mon cœur. Francis m'a tant donné, je me devais bien de répondre à sa requête. Et mon inclination naturelle à me rendre utile m'a poussée à agir, à me mettre enfin à la tâche. Je me suis installée devant mon ordinateur aussi souvent que je le pouvais pendant plus de neuf mois. Au moment où j'écris ces lignes, je ne sais toujours pas comment je m'y prendrai pour publier mon récit et le distribuer, mais je fais confiance au destin : il me fera signe au moment opportun. Si aujourd'hui vous lisez ce texte, c'est que j'ai eu raison de m'abandonner et de croire en la vie.

J'espère sincèrement que vous découvrirez en vous l'ouverture nécessaire à la compréhension de ce message et qu'il vous apportera le désir de regarder au-delà de ce que vous permettent vos yeux.

Première partie

Écrire sur la mort

C'est complètement fou. Moi, Annie Sauvageau, qui écris un livre sur la mort. Comment est-ce que ça peut arriver? Il y a une dizaine d'années, vous m'auriez demandé si cela serait possible un jour et je vous aurais sans aucun doute répondu par la négative. Cependant, c'est bien connu, la vie nous amène là où l'on s'y attend le moins. Elle est remplie de surprises, bonnes ou mauvaises, belles ou laides, merveilleuses ou cruelles. Or, après coup, on s'aperçoit que c'est toujours pour le bien de notre âme. J'en ai fait l'expérience à la suite de la pire épreuve de ma vie. J'étais loin de penser qu'un jour le destin frapperait si fort à ma porte. En fait, ma porte, le destin l'a violemment défoncée!

La perte de mon fils

J'avais trente ans, j'étais en pleine santé, mariée à un homme merveilleux. Maman de deux beaux garçons qui étaient comme deux doigts de la main. J'avais un travail qui me plaisait et j'habitais une maison chaleureuse où je me sentais bien. Le bonheur quoi!

Et puis vlan! Tout s'écroule en un instant. Un accident banal vient nous enlever notre petit Francis, notre bébé de six ans et demi. L'auto dans laquelle il prenait place avec son frère et sa grand-mère a basculé sur lui après s'être arrêtée dans un fossé. C'est un VTT roulant en sens inverse qui avait provoqué, quelques instants auparavant, une perte de contrôle.

Comment est-il possible que cela nous arrive à nous? Il est vrai que j'avais parlé au bon Dieu, comme je me plais à l'appeler, deux semaines plus tôt. Je lui avais demandé de me secouer un peu, car je ne me sentais pas bien dans ma peau malgré une vie plus que respectable. Mon âme avait mal et je ne savais pas pourquoi. Croyez-moi, il a pris ma demande à la lettre.

J'imagine qu'il s'est dit: « Très bien, ma petite fille, c'est maintenant l'heure de te parachuter dans les ligues majeures. Oh! tu trouveras l'expérience difficile, tu croiras mourir, mais tu t'en sortiras si tu le veux vraiment et tu me remercieras par la suite. »

Le pire, c'est qu'il avait raison, comme

toujours. En fait, j'ai vécu depuis six ans des expériences incroyables, des émotions et des sentiments contradictoires mais merveilleux qui m'ont apporté une paix de l'âme douce et sereine. J'ai grandi malgré l'épreuve – ou plutôt grâce à l'épreuve.

Il va sans dire que j'ai été éprouvée au plus profond de mon être. Francis était une partie de moi. Pourtant, aujourd'hui, avec le recul, le deuil et une réflexion intense, je suis devenue une femme heureuse et bien dans sa peau.

Francis fait toujours partie de moi, mais d'une façon différente. Il est à tout jamais au centre de mon cœur.

Des outils pour s'aider

Sur cette terre, on trouve autant de caractères et de personnalités que de façons d'évoluer. Ces dernières années, j'ai compris que chaque individu a son propre rôle à jouer et qu'il est risqué de porter des jugements. Chacun se comporte selon sa propre évolution, selon ce qu'il vit et selon ce qu'il a à comprendre de la vie.

Après la tragédie qui m'a enlevé mon fils, j'ai fait partie d'un groupe, les Amis compatissants, qui supporte les parents frappés par la perte d'un enfant. Lors de ces rencontres mensuelles, j'ai pu me rendre compte que je ne devais en aucun cas juger les réactions des participants, car il n'y a pas de bonnes ou de mauvaises façons d'affronter sa douleur. Il est nécessaire de la vivre à sa manière et de respecter ses propres capacités. Il faut en parler beaucoup afin de libérer sa peine, et c'est souvent avec des gens qui ont été foudroyés par une tragédie semblable à la nôtre que l'on se sent le plus à l'aise pour le faire.

Deux mois après le départ de Francis, une collègue de travail, faisant elle-même partie du groupe, m'avait invitée à une première réunion. Comme je voulais me donner toutes les chances de m'en sortir, j'avais accepté malgré une certaine réticence. Je dois toutefois préciser que, dès la deuxième semaine suivant la disparition de Francis, j'avais déjà commencé à lire un livre sur le deuil qu'une amie de ma sœur m'avait gentiment prêté. J'ai tout de suite pris conscience du bien énorme que cet ouvrage avait pu me faire. Il me faisait comprendre que tout ce que je ressentais était normal et que je pouvais espérer m'en sortir. C'était là mon but premier. Je ne pouvais concevoir que Francis ait pu donner sa vie pour rien. Il me fallait utiliser sa mort pour apprendre et grandir, sinon, à quoi cette épouvantable tragédie pouvait-elle avoir bien servi?

J'ai appris ce que signifiait « donner un sens à sa perte ». Cette expression est devenue cruciale pour moi. Elle m'a donné le goût d'avancer.

Ensuite m'est venu le besoin de comprendre ce qu'est la mort. J'avais envie de lire tous les ouvrages qui avaient pour sujet la mort et la vie après la mort. Je cherchais à savoir ce qu'était devenu Francis. Je le sentais près de moi, mais je ne pouvais le voir. Où était-il? Que faisait-il? Je ne pouvais croire qu'après la mort tout était fini, sinon, à quoi rimait la vie? Je suis tombée sur *La Mort est un nouveau soleil* d'Elisabeth Kübler-Ross. L'auteure parle des expériences de gens cliniquement morts qui sont revenus à la vie. J'ai tout lu d'un seul trait, sans être capable de m'arrêter. Ce livre m'a vraiment remuée et m'a donné le goût d'en explorer d'autres sur le même sujet. Ils me fascinaient tous et j'avais en même temps l'impression de me rapprocher de mon fils. Ils m'aidaient à comprendre, à accepter, et je m'apercevais que, petit à petit, la douleur devenait moins lourde à porter. Je me soignais et je savais que je devais continuer, car je sentais que j'avais à apprendre de cette épreuve. J'étais sur la bonne voie.

Puis, j'ai entrepris une démarche spirituelle. Je me suis aperçue que la foi grandissait en moi. Je partageais avec mon conjoint ce que j'intégrais et ce que je ressentais. Toutefois, nous n'avons pas toujours été sur la même longueur d'onde. Au début, il était plus difficile pour lui de comprendre le sens de la mort ainsi que celui de la vie après la mort. Je l'ai attendu. J'ai respecté sa façon de vivre son deuil et surtout son rythme tout en continuant à lui parler constamment de tout ce que j'apprenais. Il gardait parfois le silence, mais je savais qu'il réfléchissait et mûrissait tout cela au fond de lui. C'est un être d'une extrême profondeur et d'une grande ouverture d'esprit.

Pour ma part, j'avais besoin de m'extérioriser constamment. J'ai eu la chance d'avoir ma grande amie Jacynthe, qui était toujours à mes côtés, chaque jour, pour m'écouter et pour me guider. Elle a été fantastique, une perle rare. Je ne la remercierai jamais assez de m'avoir tant aidée à me faire revivre. Nous sommes aujourd'hui encore plus proches l'une de l'autre, car nous avons vécu de grandes expériences inoubliables concernant Francis. Je vous en parlerai un peu plus tard.

Je me suis également tournée vers la psychologie. J'ai lu énormément pour mieux me décoder. J'ai consulté une thérapeute. Parler avec une personne neutre, que ce chagrin ne touche pas personnellement, n'a certainement pas le même impact qu'un échange avec un membre de sa propre famille. Avec les nôtres, on a parfois peur de blesser sans le vouloir. Je me suis donc confiée à cette psychologue ouverte, compréhensive et douce comme de la soie. Elle ne parlait pas beaucoup, mais savait choisir le bon moment pour prononcer une petite phrase magique qui pouvait me faire décrypter bien des émotions. Parfois, la discussion semblait déraper et emprunter un tout autre chemin, mais c'était toujours pertinent, car j'avais besoin à ce moment-là de toucher à d'autres sujets qui me paration du voyage se concrétisait. On avait si hâte! En fin de compte, les événements ont fait que Francis nous a quittés avant que ce projet familial puisse se réaliser. Une très grande déception pour moi. Je tenais tant à vivre ces moments fabuleux avec eux... Quelques semaines après son décès, nous nous sommes dit qu'il fallait tout de même faire ce voyage.

Bien que nous ayons acheté trois billets au lieu de quatre, nous savions que Francis serait avec nous de toute façon. Nous avons passé une semaine merveilleuse, mais nous ressentions toujours ce pincement au cœur. J'aurais tellement aimé qu'il soit là. J'aurais voulu observer ses réactions spontanées et son émerveillement candide. À bien y penser, ce séjour était peut-être davantage mon propre rêve que le sien...

Nous avons fait le plus beau voyage de notre vie même sans sa présence physique, car, au fil des jours, cette certitude qu'il était avec nous se précisait.

Se changer les idées

On a foncé dans la vie pour lui, pour qu'il soit fier de nous. Nous voulions continuer à être heureux pour lui, car nous sentions que c'était ce qu'il voulait pour nous. Ça devait l'aider à être heureux de son côté.

Le premier hiver a été passablement occupé, car nous nous sommes découvert une nouvelle passion familiale: la motoneige. Nous avons profité des joies de cette saison avec des amis qui se sont très bien occupés de nous. Ils nous ont supportés et aidés à considérer l'hiver d'un œil différent. Jusque-là, ce n'était pas l'époque de l'année que nous préférions. Décembre, janvier et février auraient pu nous paraître interminables dans notre maison à ruminer notre chagrin. Nous leur en sommes fort reconnaissants. L'air pur et les belles randonnées dans la nature nous ont donné la chance de refaire nos forces et notre moral.

Puis, ma sœur a accouché miraculeusement de deux magnifiques petites filles après avoir passé plus de quatre mois à l'hôpital.

Il y avait du Francis là-dedans. En effet, d'après les médecins, le genre de complications qui accompagnaient cette grossesse se termine la plupart du temps par le décès d'un des deux bébés, quand ce n'est pas tout bonnement les deux qui perdent la vie. Mais elles ont tenu le coup! Francis a bien supporté sa marraine pour qu'elle puisse passer au travers.

Je me suis sentie faiblir, lors de cet événement, pourtant si heureux. J'éprouvais des sentiments contradictoires. D'un côté, j'étais heureuse et soulagée de voir ces deux fillettes en santé, d'autant plus que l'une d'entre elles allait devenir ma filleule; d'un autre côté, la tristesse s'emparait de moi quand je prenais conscience du fait que je n'avais plus qu'un seul enfant, moi qui avais vécu avec deux pendant plus de six ans. J'enviais ma sœur et son conjoint de pouvoir serrer dans leurs bras leurs belles jumelles. Ils avaient une vraie famille…

Pendant l'été qui suivit le départ de Francis, l'attention portée à ces bébés nous permit de voir que la vie continuait et qu'elle pouvait être délicieuse.

Un an

La date d'anniversaire du décès approchait à grands pas. Tout à coup, je me sentais régresser. Je n'avais plus envie de rien. J'avais parfois même le goût de tout lâcher et d'aller retrouver mon petit clown d'amour. C'est à ce moment-là que Guy, mon conjoint, a été le plus fort. C'est ainsi, souvent, que ça se passe dans un couple. Après l'un, c'est l'autre qui prend la relève. Le retour du balancier. On se soutenait mutuellement à tour de rôle. Cependant, à cette époque, Guy ne pouvait plus s'appuyer sur moi, car je n'avais plus de forces. C'est donc lui qui a pris soin de moi, m'a encouragée et soutenue jour après jour. Le fait de le voir si solide m'a permis de me laisser aller un peu; j'étais épuisée, vidée.

J'avais voulu être forte et aider tout le monde depuis le début, mais c'est à ce moment précis que je me suis rendu compte que je ne pouvais pas aider la planète entière. Je n'étais pas responsable de la peine des autres; chacun a son propre chemin à suivre. Je ne devais pas prendre tout sur mes épaules et il me fallait tout simplement lâcher prise. Cela n'allait cependant pas de soi. Je ne voulais pas que ceux que j'aime souffrent, qu'ils aient du chagrin. Il y avait ma mère que j'essayais de protéger, car je savais qu'en plus de sa peine, elle avait énormément de culpabilité à libérer. Jamais nous ne lui en avons voulu pour l'accident qui s'est produit, car elle n'en était aucunement responsable. Je pense fermement, tout comme Guy d'ailleurs, que les événements devaient arriver ainsi. Je crois au destin et je suis persuadée que c'était l'heure, fort malheureusement, à laquelle notre fils devait partir. Francis a choisi la compagnie de sa grand-mère, ainsi que celle de son frère qu'il aimait tant, pour vivre le dernier moment de sa vie. Ma mère devait transformer en privilège ce qu'elle considérait comme une punition. Elle avait cette épreuve à vivre, elle était placée sur cette route, elle devait donc en trouver le sens. J'ai longtemps essayé de l'épargner. Je ne voulais pas qu'elle subisse toute cette douleur. Mais j'ai compris, avec le temps, que c'était ses propres émotions; elle avait le droit d'en faire ce qu'elle voulait et je devais me plier à son propre rythme. Je voulais tant qu'elle consulte; je percevais une peine et une douleur énormes au fond de ses yeux. Par amour et par respect pour elle, j'ai choisi de lui faire confiance.

C'était la seule façon de l'aider, je crois. Accepter que les autres ne réagissent pas comme nous et ne fassent pas nécessairement les mêmes démarches pour s'en sortir est une preuve d'amour et une marque de respect.

Le « un an », comme je l'appelle, a été pour moi le moment le plus douloureux. J'explique cela par le fait que j'étais maintenant complètement éveillée. Lorsque l'on vit un drame, on se sent comme sur une autre planète, dans une bulle. Des forces divines nous guident et nous permettent d'avancer, tout simplement. On est, selon l'expression populaire, « sur le pilote automatique ». C'est pratiquement inexplicable. Cependant, après un an de deuil et d'efforts, voilà que, peu à peu, notre conscience de la réalité devient plus aiguë. On vit intensément chaque heure, chaque minute des derniers jours avant l'événement fatal, un an plus tôt. On repasse dans notre mémoire ce que l'on avait fait ensemble la dernière journée, ce qu'il avait mangé ce soir-là, ce qu'il avait dit, où il avait dormi... On vit dans le passé en fonction de sa vie à lui, minute par minute, tout en étant là, bien conscient qu'il est parti vers un autre monde. C'est revivre ces moments consciemment qui fait si mal. Je n'ai même pas eu la force ni la motivation de faire célébrer une messe pour son service anniversaire. Ma façon à moi de le saluer a été de faire paraître dans le journal sa photo, un petit mot qui lui était dédié avec tout mon amour et de lui écrire personnellement une lettre. C'était bien ainsi.

En fin de compte, la journée du 4 septembre a été plus facile qu'anticipé. J'avais trouvé celle du 29 août plus difficile. C'est ce jour-là que le drame a eu lieu. Francis a passé six jours dans un coma profond avant de succomber à ses blessures.

Au centre hospitalier

J'ai revécu heure par heure les six jours d'enfer à l'hôpital de Chicoutimi. Les pires journées que j'ai eu à traverser de toute ma vie. Il était là, étendu, très grand pour un garçon de six ans et demi; il était branché de partout, ne respirant qu'avec l'aide d'un appareil qui faisait un chuintement que j'ai continué d'entendre bien longtemps après le dernier souffle. Je ne le reconnaissais plus. Ce n'était pas Francis, il était trop enflé et il restait muet. Il ne bougeait pas. Il semblait bien loin, mais je sentais pourtant qu'il était là, avec nous.

Une infirmière, compréhensive et capable d'une empathie exceptionnelle, m'a proposé de passer une nuit couchée aux côtés de mon fils. J'ai accepté avec empressement. J'en ai profité pour lui parler, pour le caresser tendrement. Je lui ai dit combien je l'aimais, combien j'étais fière de lui et combien j'admirais son courage et sa force. J'ai vraiment apprécié cette nuit qui, pour moi, a été un grand privilège de maman.

Nous avons essayé de le stimuler de plusieurs façons, mais en vain. Ma sœur Karen et moi lui avons fait écouter sa musique préférée en espérant une réaction, mais notre tentative a échoué. Parfois, je le suppliais de revenir, mais je crois qu'au fond de moi, je savais que ce n'était plus possible. Je repassais la scène de l'accident, je questionnais maman – pauvre maman – sur le nombre de minutes qu'il avait passé sans oxygène. Ainsi, j'avais l'impression de pouvoir me faire une idée sur son état s'il revenait à lui. Mais j'ai finalement compris que, s'il reprenait vie, avec tout ce lettre nous exprimant ses condoléances les plus sincères et nous signifiant qu'il conservait l'image d'une famille admirable qui s'était comportée d'une façon très digne.

Après la mort physique de Francis, on nous a demandé si nous voulions le prendre dans nos bras une dernière fois. J'en ai été incapable, et Guy ne l'a pas été davantage d'ailleurs. C'en était assez! Nous ne voulions pas en rajouter à notre souffrance. Par la suite, je m'en suis voulu de ne pas l'avoir fait et je crois que je m'en veux encore un peu. C'est mon seul regret et je dois trouver une façon de me pardonner. Ce qui me console, c'est que le père de Guy l'a fait pour nous. Je lui en suis très reconnaissante.

Environ une heure après son décès, nous nous sommes demandé ce que nous devions faire. Nous étions perdus. Nous avions le sentiment de devoir partir et de le laisser tout seul. On nous avait indiqué que les gens de la maison funéraire de notre secteur s'occuperaient de lui. Une impression de grand vide venait de s'installer.

Le retour à la maison sans lui

En quittant l'hôpital, dans l'ascenseur, nos pensées erraient. Guy m'a rappelé une phrase que Francis avait répétée à plusieurs reprises l'année précédente: « J'aimerais ça aller voir le petit Jésus. » Bien voilà, il était en route!

Plusieurs diront que c'est seulement des paroles d'enfant sans conséquences. Je suis pourtant persuadée que l'âme de Francis savait. Je lui expliquais souvent que ce voyage vers le petit Jésus était seulement un aller et que, une fois parti, il n'y avait plus de retour possible. Je lui disais que je ne voulais pas perdre mon petit clown que j'aimais si fort. Je l'invitais à se rendre compte que, s'il partait « en haut », il ne pourrait plus être de nouveau avec nous, ses parents; nous aurions bien trop de peine de le perdre. Alors, il restait là, ses beaux yeux verts fixés vers le ciel, à penser et à ne jamais répondre, lui qui avait la parole si facile...

On a fait seuls, Guy et moi, le chemin du retour à la maison. On en avait besoin. Nous nous sentions égarés, mais en même temps très proches l'un de l'autre. Nous avions du mal à imaginer notre existence sans Francis, et pourtant il fallait faire face à cette réalité. Comment ce serait sans lui? Avec maintenant un enfant en moins? Kevin se sentirait bien seul, lui qui était le frère, mais surtout l'ami de Francis. Ils s'aimaient, ces deux-là, Ils étaient si proches l'un de l'autre et ne se chicanaient jamais. On se disait qu'il faudrait prendre soin de notre aîné, l'entourer du mieux que l'on pourrait. Il faudrait songer à nous-mêmes également, trouver des activités pour nous divertir, prendre les moyens pour continuer à vivre heureux pour le seul fils qui nous restait. On se croyait dans un autre monde, si tristes, mais en même temps une force nous habitait, nous permettait de voir au loin une clairière. Malgré la vive et profonde douleur ancrée en nous, un calme surprenant nous habitait. Je sais que c'est Francis qui nous a transmis cette force. De se sentir positif et serein malgré l'atroce fatalité tient du surnaturel, je n'ai aucun doute là-dessus.

En route, nous avons discuté des funérailles. Il était important de trouver un terrain d'entente sur la façon de procéder. Au départ, Guy ne voyait pas d'un bon œil que le corps de notre petit garçon soit exposé. Il ne voulait pas de la pitié des gens qui viendraient nous voir. Pour ma part, j'avais un point de vue différent. J'avais besoin de voir son corps, de le toucher pour vraiment réaliser son départ, et j'imaginais qu'il en était ainsi pour les gens qui ne l'avaient pas vu à l'hôpital. Je sentais l'urgence d'être entourée des gens que j'appréciais pour vivre intensément ces derniers moments avec mon fils. Finalement, nous en sommes venus à un compromis qui convenait véritablement aux deux : nous allions opter pour une exposition d'une courte période accompagnée d'une cérémonie des anges.

Mon père et ma sœur se sont gentiment occupés de rencontrer les gens de la maison funéraire pour les arrangements. Nous ne nous sentions pas la force de prendre cette initiative. Certains ont consacré leur temps à la cérémonie, ont choisi des lectures, un prêtre qui devait, à ma demande, ne pas être triste et ennuyeux. Cette aide généreuse fut inestimable. Nous avons même reçu de la nourriture et des petites gâteries, une véritable bénédiction, car nous n'avions aucune inspiration pour faire des repas. Le petit goûter après la cérémonie a même été confectionné avec amour par une tante tout à fait exceptionnelle et ses amies qui se sont montrées très serviables. J'ai vraiment senti une grande solidarité.

Des masses de gens se sont déplacées pour partager cet horrible drame avec nous. Toute cette énergie nous a transportés. Cela fait tellement chaud au cœur de voir autant de gens nous offrir leurs sympathies et leur amour. Même Guy qui, de prime abord, me semblait réticent avec cette façon de procéder, a apprécié ces moments de pure bonté humaine. Il a compris combien il était important d'être bien entouré en pareilles situations. Partager notre chagrin sembla délester notre cœur pendant chacune de ces journées d'adieu pourtant si exigeantes.

Les funérailles

L'église était pleine à craquer. La cérémonie des anges fut toute spéciale. La colombe qui prenait place à l'avant aux côtés d'Alexandra, « sa petite femme », semblait avoir pris l'âme de Francis. En effet, lorsque l'abbé parlait de notre fils, l'oiseau roucoulait.

On aurait dit qu'il voulait nous montrer qu'il était bien vivant et qu'il était toujours près de nous. Il fut symbolique pour nous, ce cadeau de sa marraine, Karen, qui lui a également rendu un bel hommage rempli d'amour et d'admiration. Seule ombre au tableau : personne n'a voulu prendre l'initiative de chanter. Paraît-il qu'il est trop difficile de s'exécuter pour un enfant parti dans l'autre monde. Si je peux comprendre, ce fut malgré tout une petite déception pour moi. J'adore la musique et le chant; dans ces moments uniques, ils vont chercher les émotions les plus enfouies au fond de moi. Il serait cependant injuste de dire que ce ne fut pas une belle cérémonie. On pouvait presque palper la fébrilité, la solidarité et l'amour dans l'assistance.

Le retour au quotidien

Une fois la cérémonie terminée, le repas servi et les gens partis chacun de leur côté, la vie quotidienne a refait surface. Nous avons réalisé ce que nous venions de traverser. Non, nous ne pouvions pas échapper à ce cauchemar en ouvrant simplement les yeux et en sortant du lit.

« Comment va-t-on faire pour de nouveau vivre heureux un jour? On va avoir besoin d'aide et surtout besoin l'un de l'autre », nous répétions-nous.

Je me souviens de la première nuit passée à la maison. Notre petit Kevin, qui n'avait pas encore neuf ans, était couché tout seul dans son grand lit, lui qui dormait toujours avec son frère collé contre lui. Nous sommes allés le chercher pour qu'il puisse passer la nuit avec nous qui étions en train de nous consoler mutuellement. Nous ne pouvions pas le laisser seul avec sa peine. Pendant quelques nuits, nous lui avons fait une place pour qu'il se sente en sécurité. Après, il a appris tout doucement à parler à son frère avant de s'endormir tout seul dans sa chambre. J'ai l'impression que c'est ce qui lui permettait de passer de plus belles nuits.

Francis s'est très bien occupé de son grand frère, car Kevin a vécu son deuil d'une manière remarquable. Je me suis inquiétée pour lui longtemps, car c'est un introverti. Par contre, j'ai aussi conversé avec lui très souvent afin de lui expliquer les différents sentiments qui pouvaient parfois l'envahir, et je lui ai répété combien il était normal de les éprouver. Je l'ai emmené à deux rencontres chez la psychologue pour qu'elle puisse me rassurer sur son état. C'est par le dessin et quelques échanges avec lui qu'elle a pu me confirmer qu'il s'en sortait très bien. Je crois que les enfants à qui on ne dissimule pas les véritables émotions, même dans nos discussions d'adultes, s'en sortent plus facilement. Ils comprennent beaucoup plus qu'on a tendance à le croire. Ce qui fait du bien aux enfants qui restent, c'est l'exemple de parents qui ont le goût d'être de nouveau heureux dans la vie et qui font les efforts pour y parvenir.

4 septembre 1998

Pendant cette journée anniversaire du deuil, j'ai pris congé du travail et j'ai reçu plusieurs petites attentions, surtout de belles phrases réconfortantes écrites par des parents et amis. C'est fou comme j'en avais besoin. Même quand je regardais en arrière et que je voyais tout le chemin parcouru depuis un an, la douleur était très présente. J'étais tellement triste de ne plus avoir Francis physiquement dans la maison. Ses petites faces de clown, ses chansons, ses mots comiques, ses gros « colleux » affectueux, son sourire et ses beaux yeux verts n'existaient plus que dans mes souvenirs. Oh! bien sûr, je sentais qu'il était là en énergie dans la maison, tout près de moi, mais ça ne me suffisait pas. J'avais l'impression que mon cœur était vide.

Je me demandais quelle taille il aurait maintenant. Il serait en deuxième année… Aurait-il aimé écrire et lire? Des questions qui demeureraient à jamais sans réponses…

Bien sincèrement, dans mes grands moments de tristesse et mes séances de larmes intenses, je n'avais que le goût d'aller le retrouver. Puis, la raison prenant le dessus, je me fouettais en me disant que Kevin et Guy avaient besoin de moi et que Francis ne voulait pas d'une mère avec une attitude aussi négative. Il me soutenait depuis le début. Avais-je le droit de lui faire faux bond? Bien sûr que non! Je devais me reprendre en main.

Je lui ai écrit à quelques reprises pour lui exprimer ma douleur, lui demander de continuer de m'épauler encore un peu et de me faire rencontrer des personnes qui pourraient m'apporter leur secours.

Oui, de l'aide, j'en avais encore tellement besoin...

Une rencontre merveilleuse

Un mois ou deux plus tard, je me suis souvenue de la bonté et de la sagesse d'une dame que j'avais rencontrée avant le décès de Francis. Je ressentais un grand besoin de lui parler.

Mon amie a organisé une rencontre. Cette soirée a été bénéfique pour moi au point de m'ouvrir les portes de la guérison. Cette dame merveilleuse, par sa douceur et sa sérénité, m'a permis de pressentir une dimension plus vaste de la vie après la mort. Comme je l'ai déjà dit, j'avais déjà lu plusieurs ouvrages et j'avais appris beaucoup puisque j'avais l'impression de rejoindre mon fils Francis à travers ces textes. Toutefois, j'avais besoin d'une preuve concrète pour m'en convaincre. Grâce à cette dame qui me conseillait de rencontrer une personne qui possédait des pouvoirs extraordinaires, j'ai pu réellement expérimenter ce qu'est la vie après la mort.

À partir de ce soir-là, j'ai remplacé la déprime qui avait fait surface deux mois plus tôt par l'espoir de pouvoir communiquer avec mon fils.

Expérience avec une médium

Un des plus beaux cadeaux que la vie m'ait offerts est cette rencontre avec mon fils décédé, grâce aux pouvoirs fantastiques d'une femme médium. Juste avant Noël 1998, j'ai appris qu'elle acceptait de me recevoir lors d'une séance prévue pour le 5 janvier suivant. Le père Noël venait de passer! Dire que j'étais excitée de pouvoir vivre cette expérience serait peu dire. Je savais, pour avoir lu sur le sujet, qu'il était possible de pouvoir parler ou du moins entendre nos proches qui étaient décédés et j'étais impatiente d'en être témoin. J'avais une amie qui avait déjà vécu l'expérience, il y avait de cela plus de cinq ans, avec la même médium. Je me souvenais d'en avoir discuté avec elle passionnément, sans avoir moi-même vécu la perte d'un être cher à cette époque. Ce qu'elle me racontait était stupéfiant. Je me rappelle cependant avoir éprouvé quelques petits doutes au fond de moi. Nous avons tellement besoin de voir avant de croire…

J'attendais le 5 janvier avec une vive impatience. Je n'en parlais qu'avec ma meilleure amie et mon mari, car c'était un choix qui m'appartenait et que je ne voulais pas partager avant mon rendez-vous. Je respecte le fait que les gens ne soient pas tous ouverts à ce genre d'expérience. Pour ma part, c'était un besoin, une avenue que je considérais comme valable pour obtenir des réponses à mes questions.

Le soir précédant la rencontre, Guy et moi avons beaucoup parlé. Il m'a affirmé ne pas être encore prêt à emprunter ce sentier. Je ne cache pas que, de mon côté, je ressentais tout au fond de moi une certaine crainte. Mais il était exclu que j'y renonce. Dans un certain sens, je cherchais à rejoindre mon fils. Ce long entretien fut des plus profitables, car il donna la chance à mon conjoint de me livrer ses émotions profondes. La communication fut ouverte et très enrichissante. Ce fut une autre occasion pour nous de nous rapprocher encore un peu plus.

Le lendemain matin, j'étais un peu nerveuse. Mon amie Jacynthe était tout aussi excitée que moi. Pendant la nuit, elle avait vu en rêve qu'elle prenait part à la rencontre. Je lui ai donc demandé si elle voulait transformer son rêve en réalité : Guy ne se sentait pas capable de m'accompagner et moi j'avais un peu peur de m'y rendre seule. Elle était la personne idéale, car elle m'avait soutenue depuis le tout début et connaissait ma vie en long et en large.

Nous avions beaucoup de difficultés à nous concentrer sur notre travail ce jour-là (nous travaillions au même endroit). Nous ne pensions qu'à cette rencontre.

Cette fameuse soirée qui a changé ma vie

Le soir venu, nous nous sommes donc rendues dans la ville voisine où habitait la médium. Lorsque nous sommes arrivées chez elle, je croyais que mon cœur allait me briser les côtes tellement j'étais nerveuse.

C'est une jeune personne très gentille qui transpirait la bonté qui nous accueillit chaleureusement. Elle mentionna tout de suite, avant que je le lui indique moi-même, que mon conjoint n'était pas venu parce qu'il ne se sentait pas encore prêt. Elle m'a immédiatement parlé de mon fils. Elle affirmait que son âme était venue passer une partie de la nuit avec elle pour lui parler entre autres de sa grand-maman. Pendant cet entretien, elle le voyait assis dans une maison qu'elle m'a décrite. J'en ai eu le souffle coupé. Elle avait décrit parfaitement ma demeure et pourtant elle ne connaissait rien de moi. Plus elle parlait, plus elle me racontait des détails personnels qu'il lui était impossible de connaître. L'entretien n'était même pas encore officiellement commencé et j'étais déjà comblée. J'avais peine à croire qu'elle me connaissait presque mieux que moi-même sans m'avoir jamais rencontrée.

Elle avait de la difficulté à parler et à bien respirer, car elle recevait directement en elle la nervosité que je dégageais. J'essayais de me calmer, mais c'était plus fort que moi. J'étais tout bonnement sidérée d'entendre, venant d'une inconnue, autant de détails sur ma vie.

Par la suite, elle nous a expliqué la façon dont allait se passer l'entrevue avec sa guide. Nous sommes passées dans une toute petite pièce où elle a allumé une chandelle. Je lui ai remis une cassette pour l'enregistrement audio de ce moment mémorable.

Elle nous a demandé de garder le silence durant la communication. Elle nous a averties que sa guide mettrait quelques minutes pour intégrer son corps et que mon fils viendrait me parler, s'il était possible pour lui de le faire, à la suite du message de la guide.

À la toute fin de l'entrevue, je pourrais poser les questions qu'elle m'avait demandé de préparer et de conserver une journée avant cette rencontre, au cas où je manquerais de précisions. Elle m'avait fait part que sa guide répondrait à presque toutes ces questions directement dans la communication sans que j'aie à les poser. Cela me paraissait invraisemblable; pourtant, c'est bien ce qui se produisit.

Pendant quelques secondes, je dirais presque une minute, elle a respiré profondément, d'une façon très étrange. Ses yeux n'avaient plus le même reflet et son visage se crispait. Elle entrait manifestement en transe. La guide prenait place dans son corps, la place que son âme laissait pour la durée de la communication. Je dirais que cela ressemblait beaucoup au film *Mon fantôme d'amour*.

À partir de ce moment, je n'ai plus ressenti aucune peur. Une paix merveilleuse s'insinuait plutôt en moi. Une énergie très positive.

Sa guide, une vieille sage indienne, s'adressait à moi avec la douceur d'une grand-mère. Toujours sur le même ton rapide, presque sans intonations. Je me sentais en confiance. Elle a fait le tour de ce que je vivais à ce moment de ma vie et de la tragédie que j'avais vécue. C'était la foi, indiquait-elle, qui m'avait emmenée jusque-là. Elle m'a ensuite parlé de Francis et même de son mariage avec sa petite princesse juste avant son départ. J'étais soufflée!

Je dois ici ouvrir une parenthèse et vous raconter cette histoire vécue à l'été 1997, soit un peu plus d'un mois avant l'accident.

C'était par un beau samedi ensoleillé de juillet. Alexandra, l'élue de son cœur depuis le début de la maternelle, passait le week-end avec nous au chalet. Il était fier d'elle et semblait l'aimer très fort.

Nous avions une activité en VTT organisée avec la famille et des amis. Tout juste avant de partir, Francis m'a demandé d'emporter un peigne et un petit livre. Étonnée, je lui ai demandé pourquoi. Il m'a répondu que c'était le jour idéal pour se marier, car il allait y avoir beaucoup de gens et que nous serions en face de l'église, lieu de départ et d'arrivée du rallye.

« Te marier? D'accord, mais pourquoi un peigne et un petit livre? » lui dis-je. « Le peigne, c'est pour mes cheveux, car je ne peux pas me marier tout « couetté »; le petit livre, c'est pour « monsieur de curé ». Les « messieurs de curé » ont toujours un livre dans les mains pour marier les gens, maman », m'a-t-il répondu candidement.

Cet enfant avait des idées singulières, et je le trouvais bien amusant.

Après avoir passé une merveilleuse journée, nous nous sommes tous retrouvés au village pour un petit souper entre amis. À un certain moment, ma mère m'a dit : « Annie, viens voir ça. »

Francis s'était trouvé une amie un peu plus âgée que lui pour faire son « monsieur de curé ». Ils étaient tous les trois sur le perron de l'église et procédaient à la cérémonie comme notre fils l'avait prévu un peu plus tôt. Amusée, je les prenais tout de même au sérieux et je suis allée photographier les amoureux pour immortaliser ce beau moment d'enfance. Ils étaient rayonnants de bonheur. J'avais maintenant une belle-fille!

En fin de journée, une fois la fête terminée et de retour à notre chalet, nous bavardions en famille autour d'un bon feu. Le ciel était étoilé et nous passions une belle soirée chaude d'été. Francis m'a demandé si Alexandra et lui pouvaient aller dormir, car ils étaient fatigués. Je les ai donc conduits juste en face, dans notre roulotte de camping qui était munie de deux lits superposés pour les enfants. Je leur ai demandé qui avait le goût de prendre le lit du haut. Francis m'a répondu qu'ils voulaient dormir tous les deux ensemble sur le divan puisqu'ils étaient maintenant mari et femme. Je revois son petit visage très sérieux et celui d'Alexandra qui affichait un léger sourire gêné. J'ai demandé à ma nouvelle belle-fille si elle était d'accord et elle s'est empressée d'acquiescer de sa jolie tête blonde. Je leur ai donc préparé un beau petit lit douillet sur le divan et ils se sont allongés tous les deux, côte à côte, en se regardant avec dans les yeux le bonheur d'un couple de jeunes mariés.

Cette guide m'a donc parlé de cette union et, petit détail cocasse, elle a ajouté qu'ils étaient vêtus d'une espèce de pyjama... De fait, lors de leur mariage, ils portaient tous les deux un ensemble de jogging en coton ouaté. J'étais renversée!

Après environ quarante-cinq minutes de communication avec cette guide, j'ai soudain éprouvé une bizarre sensation. J'avais l'intense impression d'être énorme et de flotter dans les airs.

La guide a soudainement cessé de parler. La médium respirait comme au tout début de l'entrevue, puis une petite voix d'enfant est sortie de sa bouche. L'âme de Francis était descendue pour me parler. Je pleurais de joie.

C'était un moment d'émotions hors du commun. J'étais assiégée par son énergie, ce qui expliquait pourquoi je me sentais si différente.

Il m'a parlé de faits qui ne concernaient que nous, des situations que nous vivions en famille avant son départ et de l'accident fatal. Il m'a demandé de continuer à vivre pour lui et de toujours lui parler dans mon cœur comme je le faisais si souvent. Il m'a remerciée de l'avoir laissé se marier et d'avoir eu l'esprit assez ouvert pour accepter de le laisser dormir avec sa belle princesse. Il m'a assuré qu'il était bien à présent, mais que son cœur avait été soumis à beaucoup de souffrances au tout début. Il y avait des gens qui, par leur trop grande peine, l'empêchaient de faire son ascension dans les cieux.

Par les mots qu'il employait, par les histoires qu'il racontait, par l'énergie que je ressentais, il ne faisait aucun doute que c'était bien son âme qui me parlait. C'était mon fils et il vivait toujours!

J'avais la confirmation que l'au-delà existe vraiment et qu'il y a une forme de vie après la mort, comme je l'avais imaginé et comme je l'avais lu. Ce que j'ai éprouvé à ce moment précis est indescriptible. C'était un sentiment si intense et si merveilleux. Après tous les bouquins que j'avais assimilés sur le sujet, voilà que j'avais enfin la preuve de leur contenu. La mort n'est qu'une autre dimension.

À la fin, la guide m'a demandé si j'avais des questions. Étonnamment, tout comme la médium l'avait prédit, j'avais reçu, durant la communication, presque toutes les réponses, à quelques précisions près. Un phénomène effarant, surtout pour nous, les humains, qui sommes souvent des « saint Thomas ». Il faut le vivre soi-même pour le croire!

Autre détail, pendant l'entretien : la guide a les yeux fermés et je dois avouer que son visage semble grimacer un peu. Au tout début, alors que je me sentais vraiment en confiance, j'ai aussi fermé les yeux et je me suis abandonnée pour me concentrer sur les paroles qui m'étaient adressées. Une fois, entre autres, pendant que la guide me donnait une explication, je me suis dit : « Ouf! elle va trop vite, je suis perdue, je ne comprends pas. » Aussi incroyable que cela puisse paraître, elle m'a lancé, comme ça : « Je vois la confusion dans votre esprit. » J'en suis restée médusée. Elle lisait dans mes pensées.

Tout au long de cet entretien qui a duré un peu plus d'une heure et quart, je n'ai ressenti que de la paix et de la bonté, que de bonnes énergies. J'étais enchantée. Mon amie qui m'accompagnait était tout aussi émerveillée que moi.

Quand cette expérience a pris fin, nous avons discuté avec cette femme qui avait repris possession de son corps. Elle a déclaré que Francis était une âme merveilleuse, qu'elle avait ressenti de lui seulement de belles énergies.

Bien entendu, nous avons eu beaucoup de questions à lui poser sur ce que nous venions de vivre. Nous avions peine à croire tout ce qui s'était passé. Nous nous sentions flotter sur un nuage, dans un tout autre monde. Quel délice! Nous étions remplies d'un bien-être nouveau.

Nous n'avons pas été capables de revenir directement à la maison. Nous avions besoin, avant de prendre congé l'une de l'autre, de discuter ensemble sur ce que nous venions de vivre. Nous ne pouvions pas passer la nuit avec tout cela en tête. Il fallait en parler ensemble.

Nous en avons eu pour un mois à nous sentir habitées par ces énergies merveilleuses. Nous en discutions tous les jours avec passion et ravissement. Nous nous disions qu'il nous serait impossible d'en parler avec personne d'autre que Guy. Y aurait-il des personnes pour comprendre? Avec le temps, nous nous sommes aperçues qu'il y en avait plus que l'on croyait et, finalement, il nous a été possible de raconter notre expérience à des gens en qui nous avions confiance. Dans ces moments, nous ressentions en eux l'ouverture nécessaire. Je crois que si vous lisez ce livre, c'est que le sujet vous intéresse et que vous avez l'esprit assez large pour comprendre.

Il était déjà onze heures quand nous sommes arrivées au restaurant. J'ai tout de suite téléphoné à mon conjoint pour lui donner des nouvelles. Bien sûr, il était impatient de savoir comment tout s'était passé. J'étais tellement énervée que je ne pouvais m'empêcher de pleurer de joie. Je lui ai seulement dit que c'était merveilleux, que j'avais pu entendre Francis, que j'étais dépassée par ce que je venais de vivre, que je prenais un temps avec mon amie pour reparler de tout ce que nous avions entendu et que j'irais le retrouver aussitôt après pour lui faire un compte rendu détaillé.

Je suis arrivée chez moi aux alentours de minuit. Je me suis couchée près de lui pour tout lui raconter en ne sachant pas très bien par quel bout commencer. J'ai parlé pendant une heure ou deux sans reprendre mon souffle. Guy m'écoutait en silence, les yeux grands ouverts. Je lui ai raconté comment il était impossible d'avoir été victime d'une arnaque puisque Francis, avec ses mots à lui, m'avait parlé de choses très précises dont personne à part nous n'était au courant. Il a même évoqué la façon dont Guy lui passait la main dans les cheveux en rentrant le soir. Comment une pure étrangère pouvait-elle connaître tous ces détails? C'était fascinant et en même temps si incroyable. Je suis une personne qui a les deux pieds sur terre et qui est très à l'écoute de ses émotions. Et ce que j'ai ressenti de cette guide ce jour-là était de l'honnêteté, de la bonté et de la sagesse venant d'une âme secourable.

J'ai invité mon conjoint à aller consulter cette médium pour qu'il puisse lui-même constater à quel point cette expérience était extraordinaire et authentique. Il m'a répondu qu'il irait peut-être un jour, lorsqu'il serait prêt. Le fait d'entendre son propre fils décédé lui faisait un peu peur. Il ne croyait pas être capable de faire face à cette situation. Je n'ai pas insisté. Jour après jour, Guy s'est aperçu que j'allais de mieux en mieux, car Francis m'avait promis de m'enlever ma peine pour faire place à la guérison. Il a tenu sa promesse. À la suite de cette soirée mémorable, j'ai senti mon cœur s'apaiser et devenir léger. Je ne ressentais plus cette douleur intense comme auparavant. Je savais qu'il vivait quelque part, à sa façon à lui, et qu'il était heureux. Que demander de plus? Je ne pouvais pas changer le fait qu'il était parti. Je devais accepter et me consoler de le savoir heureux dans sa nouvelle dimension. Mes inquiétudes devaient se dissiper.

À la vérité, cette communication avec mon fils m'a positivement sauvé la vie.

L'expérience de mon conjoint

Les jours passaient, et Guy songeait en silence depuis bientôt quatre mois à vivre cette expérience. Le jour de mon anniversaire, il m'a dit : « Ça y est, Annie, je suis prêt. » J'ai été surprise, mais très heureuse qu'il ait acquis cette sagesse nécessaire pour bien apprécier ce qu'il s'apprêtait à vivre. Il était prêt, mais il appréhendait le moment où Francis viendrait lui parler. J'en ai glissé un mot à la médium qui m'a confirmé que, si Francis sentait son père incapable de l'entendre, il ne viendrait pas et passerait son message simplement par l'intermédiaire de la guide. Cette indication l'a mis en confiance.

Le soir du 5 mai 1999, Guy était très nerveux et m'a demandé d'assister à la communication avec lui. C'était un bonheur pour moi. J'étais enchantée de pouvoir vivre encore une fois cette expérience si fantastique et d'être de nouveau transportée par de bonnes énergies. Tout s'est passé à merveille. Les premiers mots de la guide ont touché le centre de la cible. Je n'en revenais pas de constater comme elle avait bien cerné les émotions de Guy, son sentiment de culpabilité, la façon dont il vivait son deuil.

Au bout d'un certain temps, je me suis soudain sentie énorme et j'ai eu l'impression de flotter au-dessus de la pièce, tout comme à ma première visite. J'ai compris immédiatement que l'âme de Francis descendait pour venir parler à son père. J'ai été bien étonnée, car je savais que Guy ne voulait pas être confronté à cette situation, mais je n'y pouvais rien.

Par la suite, il m'a expliqué qu'au début de l'entretien, il avait éprouvé un tel sentiment de confiance et de paix, qu'il avait accepté intérieurement d'entendre son fils s'adresser à lui. Francis l'avait ressenti et avait emprunté un long moment le corps de la médium pour lui livrer un message d'espoir et lui demander de lui laisser sa peine, car il ne voulait pas que son père souffre pour lui.

C'était bien lui. J'ai reconnu cette douce voix d'enfant qu'il avait employée quatre mois plus tôt. Il a dit à son père: « C'est pour moi que tu as accepté de venir vivre cette expérience ici ce soir, car honnêtement tu n'y croyais pas tout à fait. » Francis avait raison: plus tard, Guy m'a avoué me l'avoir caché pour ne pas me blesser. Inutile de préciser qu'après cette soirée, tous ses doutes se sont envolés; Guy l'incrédule s'est transformé en un homme croyant, rempli de paix intérieure et de bonheur. Sa tristesse et sa culpabilité avaient cédé leur place à la sérénité et à la confiance. « Tu avais vraiment raison, a-t-il admis. Ça ne peut qu'être vrai, j'en ai eu la preuve. » Il a ressenti, tout comme mon amie et moi la première fois, le besoin de prendre un peu son souffle et d'aller en discuter dans un lieu public avant de revenir dans le décor familier de notre maison. L'enregistrement de cette communication est devenu pour lui un objet précieux, le souvenir d'un moment magique, gravé à jamais dans sa mémoire de père.

Je suis consciente qu'une personne qui n'a pas vécu ce genre d'expérience peut avoir du mal à en saisir toute la portée, car les mots sont bien faibles pour exprimer ce qui se passe véritablement. Guy en était un exemple vivant : malgré la confiance qu'il a toujours eue en moi, malgré tout ce que j'avais pu lui raconter pendant des mois, il avait fallu qu'il voie de ses propres yeux et entende de ses propres oreilles.

Se rejoindre

À partir de ce jour, Guy et moi avons pu discuter de tout et nous comprendre sur tout. Nous sommes devenus encore plus complices et encore plus proches l'un de l'autre. Notre deuil en était arrivé au même stade d'évolution.

Au fil des semaines, nous avons commencé à comprendre pourquoi tout cela nous était arrivé; la mission de notre petit être qui était parti bien rapidement était sur la voie de la réussite. Nous avons donné un sens à sa mort et accepté la réalité de la vie après la mort et sa logique.

Nous avons eu quelques autres entretiens avec cette merveilleuse femme aux dons fabuleux. Elle nous a sensibilisés à l'évolution de l'âme, à la réincarnation et aux énergies sublimes. Nous voulions toujours en savoir davantage. Notre cœur s'était allégé, nous nous sentions de plus en plus en paix et en harmonie avec nous-mêmes et notre deuil. Désormais, nous acceptions que Francis soit toujours en nous tout en continuant son existence d'une autre façon. Notre ouverture spirituelle nous a fait grandir et nous acceptons aujourd'hui son départ malgré le vide énorme qu'il a laissé dans notre maison. Son enveloppe physique nous manquera toute notre vie, mais nous avons appris à vivre en ressentant la présence de son âme et de son énergie.

Un jour, une amie m'a raconté que son fils de cinq ans lui avait fait remarquer qu'une personne est comme une carte de fête. Ce qui est important, c'est la carte et les bons mots qui y sont inscrits, on la conserve et on la relit souvent. Par contre, on jette rapidement l'enveloppe. Le corps physique d'une personne est comme l'enveloppe. Ce qui est important se trouve à l'intérieur, c'est-à-dire l'âme, qui ne cesse jamais de vivre. J'ai trouvé cet exemple très juste et très éloquent, surtout venant d'un si jeune garçon.

Les enfants détiennent souvent la vérité, car ils sont encore bien près de Dieu. Il faut donc écouter ce qu'ils ont à dire.

L'été 1999

Nous avons passé un bel été et commencé à voyager tout comme l'aurait aimé Francis. La date du deuxième anniversaire de son décès approchait et j'étais enchantée de la considérer d'un œil positif. Je n'avais qu'un désir : faire pour lui un geste qu'il aurait adoré.

Nous sommes donc partis en camping et nous avons vécu une fin de semaine en famille, dans le bonheur comme il aurait souhaité. Je lui ai également écrit une belle lettre pour lui dire comment, grâce à son intervention, il nous était plus facile de vivre sans lui, même s'il nous manquait. Il avait tenu sa promesse en nous libérant de notre peine cruelle. Oui, il avait réussi.

Son frère aussi a beaucoup appris, au fil de nombreuses discussions, à comprendre la mort, la vie après la mort, et ainsi donner un sens à sa douleur. Il était très réceptif malgré son jeune âge et a fait preuve d'une grande maturité. Avec sa permission, je vous offre le texte qu'il a écrit un peu plus de quatre ans après le départ de Francis.

Yo! my friends!

O.K., bon, la mort, ben ça peut arriver n'importe où, n'importe quand et à n'importe qui. Au début, c'est sûr, c'est dur! Mais, y faut comprendre que, si la personne est morte, ce n'est pas pour n'importe quoi. C'est parce qu'elle avait fini ce qu'elle avait à faire sur terre. Cette personne avait accompli son but dans son existence. Une personne ne vit pas qu'une seule vie. À chaque fois qu'elle revient sur terre, elle accomplit quelque chose de différent. Donc, c'est pour cela qu'il faut comprendre de ne pas s'apitoyer sur son sort. Il suffit d'en parler avec une personne qui peut t'écouter ou bien écrire ce que tu ressens.

L'énergie

Je me sentais débordante d'énergie pendant la troisième année et j'avais le goût de faire partager mon bien-être aux gens, qui avaient vécu la même douloureuse épreuve que moi, en leur donnant l'espoir qu'il était possible d'en sortir meilleur et plus fort. L'adversité et l'affliction peuvent nous conduire sur le chemin de l'évolution personnelle et spirituelle. Il n'en tient qu'à nous de tendre vers une paix intérieure nécessaire à notre bonheur.

Pendant la première soirée de l'automne 1999 du groupe des Amis compatissants, j'ai fait la lecture de la lettre que j'avais écrite à Francis pour le deuxième anniversaire de son départ. Une dame m'a sincèrement remerciée, ajoutant qu'elle venait de prendre conscience qu'il y avait de l'espoir. Si cette lettre a pu aider au moins une personne, je me félicite de l'avoir écrite et de l'avoir partagée. Tout comme ce livre du reste. Notre but, à Francis et à moi, est d'aider des gens à repérer la petite étincelle positive dans la terrible épreuve qu'ils doivent traverser. La question fondamentale que je pose est celle-ci: pourquoi ne pas utiliser cette tragédie pour grandir plutôt que pour dépérir? La vérité toute bête, c'est qu'on a le choix de vivre heureux ou malheureux. À chacun de choisir ce que l'on croit être bon pour soi. Je suis certaine que le bon n'est pas dans le laisser-aller et la misère morale. Il est compréhensible d'avoir du mal à percevoir l'aspect positif, mais il est encore plus ardu de supporter des émotions qui nous rongent les tripes.

Cet automne-là, ma curiosité insatiable m'a incitée à m'inscrire à un cours sur les vies antérieures. Je souhaitais approfondir de façon substantielle mes connaissances sur ce monde invisible qui me fascinait tant. Je tiens à rester les deux pieds sur terre, car je ne perds pas de vue que je suis une âme dans une enveloppe charnelle. Bien que je m'applique aussi à vivre pleinement sur cette planète, je suis persuadée que mon ouverture vers le monde spirituel et divin ne peut que me permettre de devenir une meilleure personne. Me sentir heureuse et en paix tout en évoluant constamment est le but que je me suis fixé.

Ce fut, au-delà de mes attentes, un cours très intense qui m'a permis d'en apprendre énormément sur moi-même. Les raisons de mes peurs et les causes de mes blessures, les facettes de ma personnalité à développer ou à améliorer, tout cela est devenu plus facile à identifier. Bref, j'ai acquis une meilleure connaissance de ce que je suis et j'ai développé des trucs pour transcender certaines émotions enfouies au fond de moi depuis longtemps. Lorsque l'on se connaît vraiment, on peut s'améliorer constamment et éprouver des émotions merveilleuses avec lucidité. Par le fait même, les réactions négatives qui surgissent parfois deviennent plus faciles à identifier et à contrôler.

La vie continue

Le temps a passé et nous avons continué à vivre notre deuil ensemble, Guy et moi. Nous nous sommes aidés mutuellement et nous avons transmis notre attitude positive à notre Kevin, qui vivait lui aussi ses périodes de tristesse. Il a appris à travers nous. Nous avons ramé par moments, car les jours, malgré l'adage, ne se ressemblent évidemment pas tous. Mais nous pouvions compter les uns sur les autres.

Plus tard, nous avons senti le besoin de retourner entendre notre fils une autre fois. Nous nous rendions compte que les communications évoluaient, car nous étions plus sereins, ici sur terre, et nous sentions Francis plus libéré que la première fois. Il était heureux de nous voir nous en sortir ainsi. Il nous a fait comprendre combien il est important de faire de notre vie un vase rempli d'amour, de bonté et de sagesse, afin d'éviter les mêmes erreurs et les mêmes épreuves dans une autre vie.

Nous croyons à la réincarnation, nous sommes persuadés qu'il n'y a pas d'effet sans cause. Les gestes, les paroles, les pensées et les sentiments positifs appellent le positif dans cette vie-ci et en appelleront dans les vies futures. Le contraire, bien entendu, est aussi vrai. Notre condition humaine fait en sorte que c'est parfois difficile d'offrir de l'amour inconditionnel et d'être aussi bon que possible envers autrui. Mais c'est ce vers quoi nous devons tendre coûte que coûte. Le but ultime de l'âme est de prendre cette direction pour espérer rejoindre l'Être suprême.

Une année féconde

L'année 2001 a été une année merveilleuse pour Guy et moi. Une année de pleine complicité. Nous étions, depuis presque vingt ans, des amoureux, mais, pendant cette année, nous sommes devenus des amants, des amis, des complices. Nous sommes sur la même longueur d'onde et vivons des moments privilégiés. Nous pouvons nous confier l'un à l'autre avec l'assurance d'être compris sans être jugés. Nous apprécions d'être ensemble et sommes heureux. Nous avons un grand garçon que nous adorons. Il est calme et réservé, parfois même indépendant, mais c'est un être très réfléchi, doté d'une grande et profonde ouverture d'esprit.

Je considère que nous sommes fortunés d'être de nouveau heureux. Beaucoup de couples se séparent après une telle tragédie et éprouvent parfois des difficultés avec leurs jeunes. Nous avons des projets et nous souhaitons mettre au monde un autre enfant. Nous éprouvons le vif désir de lui donner tout notre amour et lui transmettre nos valeurs. Nous l'accompagnerons dans son voyage sur la terre afin de lui permettre de vivre le plan de vie que son âme aura établi.

Ce projet nous tient à cœur. S'il est pertinent pour nous d'être parents une troisième fois, le ciel se chargera de nous envoyer un petit être à aimer. Sinon, la vie continuera d'être belle et Guy et moi réaliserons d'autres projets ensemble.

Nous laissons le destin se charger de nous en nous abandonnant à lui.

Après plus de six ans

Je pense chaque jour à ce petit clown qui nous apportait beaucoup d'amour, de joie et de rires. Il nous manquera à tout jamais et aura toujours sa place dans notre cœur. Je ne le remercierai jamais assez d'avoir su faire de nous des personnes sereines, épanouies, confiantes en la vie. C'est grâce à notre enfant si nous avons eu le courage de passer au travers, car il nous a laissé en héritage ses qualités exceptionnelles.

Nous l'avons fait pour lui, comme lui l'a fait pour nous, par le don de soi. Comme je l'ai souvent dit à plusieurs personnes de mon entourage : « Il est certain que j'aimerais mieux qu'il soit physiquement avec nous, mais pour rien au monde je ne voudrais perdre ce que j'ai acquis pendant cette période de deuil. » J'aimerais qu'il soit là avec mon « nouveau moi », mais, étant donné que je sais que ce n'est pas possible, je le remets à Dieu, qui nous l'avait si gentiment prêté, puis qui nous a fait vivre cette épreuve atroce mais, avec le recul, enrichissante entre toutes.

Aujourd'hui, je peux, aussi étrange que cela puisse sembler, la considérer comme un cadeau éternel. Notre fils nous a appris beaucoup en donnant sa vie pour nous; c'est pourquoi il est primordial pour moi de répondre à sa demande en rédigeant ce livre.

Francis fait le vœu que les valeurs qu'il nous a livrées et la force qu'il nous a transmise puissent être relayées à d'autres parents endeuillés. Même après la mort de son enfant, il est essentiel de continuer d'avancer et de vivre positivement pour être en harmonie avec la vie et avec ce garçon ou cette fille perdus. L'être humain a des capacités intérieures insoupçonnées. Croyez en vous et en votre enfant qui a franchi l'autre monde. La mort ne signifie pas la fin, elle n'est qu'un passage vers une autre étape de la vie, car la vie continue…

Quelques précisions

Maintenant que vous connaissez mon histoire, je vais céder la place à l'au-delà. Mais tout d'abord, je dois vous expliquer, d'après mes expériences vécues, comment on arrive à communiquer avec ceux qui nous ont quittés.

Comme je vous l'ai mentionné précédemment, j'ai eu la chance de pouvoir vivre des moments merveilleux, grâce à Annie, cette médium exceptionnelle, qui a passé une grande partie de sa vie à aider les gens en canalisant l'énergie des êtres disparus. Voici donc mes explications concernant le déroulement d'une communication, appelée communément un « canal ».

Son rituel est le suivant: après s'être installée confortablement dans un fauteuil, elle respire profondément, pendant environ une minute ou deux, puis, son visage se crispe. On dirait même qu'elle fait la grimace. Ses yeux roulent un peu vers l'arrière et se ferment à demi. Ensuite, elle bâille, comme si elle se sentait fatiguée. C'est à ce moment précis que sa guide personnelle, Anouk, une vieille sage indienne, emprunte son corps et prend la parole. La voix d'Annie n'est plus la même. La communication avec l'au-delà prend forme. Les messages sont si précis et remplis de bonté que la confiance s'installe dès les premiers instants.

J'ai demandé à Annie où allait son propre esprit pendant cette période qui dure généralement plus d'une heure. Elle m'a affirmé n'entendre que les cinq premières et dernières minutes du canal tout en m'expliquant que son esprit va dans l'éther, soit dans une dimension d'attente. En fait, c'est le même phénomène qui se produit lorsque nous nous endormons. Vous savez, à la fin de la journée, lorsque nous nous endormons tranquillement sans nous poser de questions. La nuit passe et, tout à coup, à l'aube, nous nous réveillons tout doucement. Nous ne sommes pas conscients de ces moments. Pour Annie, c'est la même chose. Elle a l'impression de dormir pendant que la guide emprunte son corps pour pouvoir livrer des messages importants aux gens réceptifs à ce genre d'expérience, à ceux qui veulent prendre conscience des différents aspects de leur vie.

Par expérience personnelle et pour avoir assisté à quelques communications en compagnie d'amies qui avaient le goût de comprendre et d'accepter certains passages de leur vie, je peux vous confirmer que toutes ont ressenti une forme de bien-être intérieur. Elles ont toutes reconnu avoir vécu une expérience enrichissante qui les a touchées au plus profond de leur être. Le message de l'au-delà les a également aidées à comprendre ceci : ce qu'elles avaient à vivre sur terre avait un sens bien précis et, maintenant, elles pouvaient lâcher prise et faire confiance à la vie.

Il y a aussi les privilégiés, tout comme moi et mon conjoint, qui ont eu la chance de communiquer avec l'esprit de leur cher disparu. C'est un grand moment d'émotions et un privilège énorme d'avoir la confirmation que la vie se poursuit après le passage sur terre. Nous nous sentons rassurés de les savoir heureux et en paix. Les êtres qui font le grand voyage ne sont pas morts. Leur esprit ou leur âme reste toujours vivant. Ils sont seulement de l'autre côté, en énergies, en vibrations, et peuvent nous parler avec l'aide de personnes comme Annie, qui est devenue mon amie. Je peux vous assurer que pouvoir entendre notre fils disparu a été une grande délivrance. Et je sais que c'était la même chose pour lui. Comme la plupart des êtres humains ne peuvent entendre les messages des morts, je crois fermement qu'il a mis Annie sur ma route pour que je puisse écrire ensuite ce livre. Il voulait que le plus grand nombre de gens sachent qu'il y a une vie après la mort, que tout n'est pas terminé et qu'il est possible d'être heureux, même après une douloureuse épreuve. Je considère comme un grand bonheur le fait de pouvoir réaliser ce projet avec lui.

Après plusieurs rencontres avec Annie, j'ai eu la chance d'apprendre, à la demande de Francis, l'écriture automatique. Ah! je vous entends dire: « Mais qu'est-ce que c'est que ça? » C'est très simple: dans mon cas, j'entre dans une forme de méditation, je prends du papier et un crayon et j'écris ce que Francis me dicte par la pensée. Croyez-moi, même après des mois, voire des années, je doute toujours de mes capacités. Cependant, quand je relis ces phrases qui ont été griffonnées comme malgré moi, je dois admettre que ce ne sont ni ma façon de m'exprimer ni ma forme d'écriture. Car, comme la plupart des gens, lorsque j'écris consciemment mes propres idées, je dois me relire, biffer, recommencer souvent plus d'une fois. Lorsque c'est Francis qui me souffle ce qu'il a à dire, j'écris sans m'arrêter pour structurer ma pensée. Tout arrive de soi dans mon esprit, comme un fluide continu. Souvent, il me faut relire, car, en écrivant, je n'ai pas eu le temps de comprendre le beau message qu'il m'a transmis.

Je me souviens en avoir lu quelques-uns à ma grande amie Jacynthe. Ensuite, je lui demandais : « Penses-tu que c'est moi qui ai écrit ça? »

Elle me répondait toujours : « Non, ce n'est pas ton style. Je suis convaincue que c'est ton petit Francis. Fais-toi confiance. »

Elle m'encourageait et je poursuivais. Je n'en revenais pourtant pas d'être capable de parvenir à un tel résultat. C'est un grand privilège que Dieu m'accorde et je l'en remercie après chaque séance. Je lui demande aussi expressément de protéger l'âme de Francis lorsqu'elle descend pour me parler.

Mon fils est heureux d'être parvenu à entreprendre cette nouvelle relation avec moi. Un jour, il m'a dit : « Ta façon d'aider les gens sera de leur raconter notre histoire. Cela stimulera tous ceux qui vivent une peine profonde à comprendre leur épreuve et à s'en servir pour s'élever. Ton énergie leur apportera un grand bonheur! C'est pourquoi je t'aiderai à écrire ce livre et à répéter aux gens endeuillés que la mort n'est qu'une continuité de la vie. Ce n'est qu'une étape vers une autre dimension. Tu dois l'apprendre à ceux qui vivent un tel malheur. »

Ainsi donc, dans la partie qui suit, je cède ma plume à Francis. Je me dois de partager avec vous les plus beaux messages qu'il m'a transmis pendant ces deux années d'écriture « à quatre mains ».

Deuxième partie

Bonjour, c'est moi, Francis

C'est un honneur pour moi de pouvoir parler à travers celle qui a été ma mère pendant plus de six ans et un immense plaisir de partager avec vous le message que je lui ai transmis sur différents sujets.

Les passages importants qu'elle a reçus de la guide, Anouk, dont maman vous a parlé précédemment, vous seront transmis par la même occasion.

Maman a été extraordinaire pour moi et elle sera pour vous un messager du ciel, afin que je puisse terminer ma mission.

Mon message est simple et rempli d'amour. Il a été dédié à ma mère, à mon père et à mon frère avant tout. Mais il s'adresse également à vous, qui lisez ce livre et qui avez le goût de découvrir comment il est possible de comprendre la vie après la mort et d'accepter tout doucement le départ d'un être cher, non pas sans douleur, mais avec une petite touche de paix et d'espoir. J'espère que vous ressentirez un moment de calme et de douceur pour votre âme, tout en restant les deux pieds bien sur terre, car c'est bien là que vous vivez et je sais que c'est parfois difficile pour vous d'accepter et de croire sans avoir vu. Je peux vous affirmer qu'il y a bien une continuité à cette vie et, croyez-moi, elle vaut toujours la peine d'être vécue. Alors, pourquoi ne pas prendre tous les outils et les moyens nécessaires pour rendre ce séjour agréable et en profiter pour devenir des êtres heureux et accomplis? Plusieurs outils sont essentiels pour travailler à l'évolution de votre âme. J'espère que celui-ci pourra vous apporter un certain réconfort et surtout le pouvoir de foncer et d'avancer avec optimisme à travers vos épreuves. Qui n'en a pas?

À ma famille

Vous pouvez m'entendre si vous êtes capable de toujours laisser vivre ce qu'il y a de meilleur en vous. C'est une partie de moi qui vous habite. C'est une partie de moi qui restera. Soyez heureux, cela m'aide à être heureux.

Dans le monde humain, maman, nous ne pouvons pas toujours garder les gens que l'on aime avec soi. L'univers se charge d'aider chacun et je ne suis qu'un intermédiaire. Je réussis à guider du mieux que je peux les gens qui faisaient partie de mon environnement. Il est normal d'avoir de la peine, mais ne t'en fais surtout pas en pensant à ce qu'aurait été le futur, car le futur est tout autre maintenant. Ne te fais pas de mal en pensant à ce qui ne peut arriver. Vois plutôt pleinement ce que la vie te réserve chaque jour. Dans ton monde physique, tu as tendance parfois à oublier que je suis là, que j'existe et que je suis bien vivant dans cette autre dimension.

Là où je suis, le temps n'est pas le même que sur terre. Je vis sereinement et dans la paix. Que puis-je demander de plus? Je suis là encore pour toi et aussi longtemps que tu auras besoin de moi. Tout arrive toujours pour le mieux, même si on ne comprend pas tout de suite. Je ne peux plus te serrer dans mes bras et te faire rire avec mes idées de clown, mais, maintenant, tout est beaucoup plus profond entre nous. Cela s'élève au-dessus de la simple dimension physique.

Merci de vous ouvrir à ce monde qui est devenu mien. C'est grâce à votre ouverture que tout n'est pas fini entre nous. Même quand tu as l'impression, maman, que je suis loin, je suis près de toi. Tu ne peux imaginer le pouvoir qui existe dans l'au-delà. Communique souvent avec moi, j'ai tant à te dire et cela me fait du bien de sentir que le lien qui existe entre nous n'est pas coupé. Je vis dans ton cœur et je t'aime si fort. Je suis là pour t'enseigner à croire en toi, à croire en moi et à croire en Dieu. Le ciel, c'est tendre, c'est paisible, c'est amour, c'est ce qu'il y a de plus merveilleux. J'aimerais bien vivre encore près de vous trois, mais j'accepte de veiller sur vous et de vous aimer autrement. Je serai toujours votre ange gardien, le protecteur de la famille. On se reverra et on appréciera les beaux moments passés ensemble.

L'écriture

L'écriture est un excellent moyen de communication et d'extériorisation. Par l'écriture, on peut choisir exactement les bons mots pour faire comprendre nos émotions. La personne qui lit peut prendre le temps qu'elle veut pour bien assimiler le message. On se dévoile beaucoup plus sur papier que par la parole.

Maman, je te demande de serrer très fort papa, et même si tu parles beaucoup, écris-lui pour qu'il apprenne à me parler dans son cœur. Il en a besoin. Je ne veux pas qu'il soit si difficile pour lui de vivre sans moi.

On a de belles choses à apporter aux gens qui souffrent de la perte d'un enfant. On peut les aider à ouvrir leur cœur, à aller en eux pour qu'ils puissent trouver un sens à leur peine, à leur malheur. Nous, les enfants qui faisons ce voyage parfois très tôt, c'est notre désir le plus profond de voir nos parents forts et capables de se dépasser pour poursuivre leur route. C'est une grande victoire pour eux comme pour nous.

Partage tes écrits, maman, ils aideront les gens. Aie confiance en toi et surtout ne te décourage jamais. Va selon ta volonté intérieure, écoute la voix de Dieu et celle des anges. Tu t'amélioreras en le faisant souvent et ce sera une nourriture pour ton âme. Notre accomplissement se fera tout doucement même dans deux mondes différents. Ces écrits seront une thérapie pour vous tous.

C'est si merveilleux que l'on puisse communiquer ensemble. Prends-le comme un grand privilège et remercie Dieu comme tu as l'habitude de le faire. Continue de communiquer avec moi. C'est important pour moi de savoir que tu es encore ma maman. Je peux ainsi vivre encore un peu sur terre à travers vous. Il faut que tu sois bien dans ton être pour que mon énergie se fusionne à la tienne.

Il fait toujours bon de communiquer par ce médium qu'est l'écriture automatique. Bien sûr, on se parle souvent par l'esprit, mais le mettre sur papier est quelque chose d'extraordinaire. Tu as une grande puissance et profites-en pour écrire ce livre avec moi. Aie confiance en ta puissance comme en la mienne.

L'épreuve

L'épreuve arrive toujours pour nous ouvrir à une prise de conscience, à une amélioration de soi. Trouvez un sens à ce qui vous arrive. Les difficultés apportent la chance de se rapprocher et de régler des choses. Lorsque nous ne pouvons nous servir de nos difficultés pour apprendre, souvent, il faut recommencer et recommencer. L'âme veut évoluer constamment, mais l'ego et la raison masquent souvent les façons d'y parvenir.

Il y a des gens qui ont besoin d'aide à différents niveaux. Ils sont ancrés profondément dans l'orgueil, ils ont mal, mais ils ne veulent pas souffrir, alors ils fuient la réalité. Il faut les accepter ainsi, car peut-être un jour s'ouvriront-ils et grandiront-ils à travers ces épreuves. Faire passer son ego et sa raison avant son centre inté-

rieur ou son âme rend des gens bien malheureux, car ils ne prennent pas le temps de comprendre l'état dans lequel ils se trouvent. Ils courent après leur vie et ne réussissent pas à s'arrêter. Il ne faut surtout pas les juger, car il faut comprendre que chaque être a un degré d'évolution différent. Certains ne peuvent comprendre certaines choses, car ils ne sont pas encore rendus à cette étape. Chaque personne est importante et a sa raison d'être. Parfois, de grandes blessures se cachent derrière. Vois avec ton cœur la profondeur de ces blessures et tu seras plus compréhensive envers ceux qui ont des comportements différents. N'oublie pas d'aimer. Il faut s'aider dans la vie si on veut grandir, et souvent on a besoin que des gens nous remettent à notre place pour prendre conscience de ce que l'on est devenu. Dans ces cas-là, parle avec ton cœur pour que la personne entende ton message.

La mort

Quelle différence y a-t-il entre la vie et la mort? Il y a seulement une transformation.

Il est difficile de vivre avec la mort d'un être cher pour vous, les humains, car vous n'êtes pas capables de voir l'essentiel avec vos yeux qui veulent tout matérialiser. Si vous étiez capables de voir notre monde et son évolution, tout serait plus facile. Mais c'est comme ça, et il vous faut vivre avec cette perte si douloureuse.

Beaucoup de parents disent souvent que ce n'est pas naturel qu'un enfant parte avant les parents, mais c'est une réalité humaine. Pour nous, ce n'est pas l'enveloppe qui est importante, mais bien l'âme en soi. Si le but de la vie est atteint très tôt en âge terrestre, il est tout naturel pour cette âme de revenir dans le monde céleste pour continuer son ascension.

Il faut penser autrement et inviter ces parents affligés à transformer leur façon de voir. Toi, maman, tu crois très profondément à cette réalité et c'est pourquoi tu as traversé cette période de deuil assez rapidement en étant sereine et forte.

Il y a de beaux endroits là-haut. Pour y accéder, il est important d'accomplir la mission que l'âme s'était fixée, en mettant de l'amour dans votre vie et en ne jugeant personne.

La mort est une libération pour l'âme, alors

que la naissance est parfois bien difficile. La femme enfante dans la douleur, car l'âme ne veut pas toujours revenir à la vie même si elle l'a choisi. Elle sait que ce qui l'attend sera difficile, que ce sera une vie remplie d'expériences et parfois d'épreuves à franchir jour après jour.

L'existence terrestre peut être belle, bien entendu, dans la mesure où on l'imagine ainsi dans notre esprit (visualisation). Il y a des moyens pour rendre cette vie agréable, et c'est d'être bien avec soi-même, à l'intérieur de soi, sans trop demander de l'extérieur.

Il faut aimer, être aimé et être en accord avec les mots amour, paix, harmonie. Tout coule comme une source d'eau vive par la suite. La terre serait alors un petit paradis terrestre, sans jalousie, sans colère, sans orgueil et sans guerre.

Nous avons la chance d'être si heureux là-haut après une belle vie terrestre. C'est lumineux, merveilleux et on ressent une paix profonde et mystérieuse à la fois, un bien-être total. Mais on doit passer par des étapes avant de connaître cet état, car il faut accepter de quitter cette terre et les gens qu'on aime. Ce n'est pas toujours facile. Lorsqu'il y a beaucoup d'amour qui nous retient à la terre, notre cœur souffre énormément d'en être coupé. J'avais moi-même déjà choisi ce temps si court, donc, il me fallait l'accepter.

L'amour et surtout la grande peine et la tristesse de chacun de vous me faisaient mal aussi. Je sais que c'est normal d'avoir un tel chagrin quand on perd son enfant, mais toi, maman, toi, papa, vous vous êtes vite repris en main et vous avez essayé de passer ces étapes le plus sereinement possible, avec l'aide du Divin.

Il y en a, par contre, qui se sont apitoyés sur leur sort et cela m'a rendu un peu malheureux pendant un bout de temps. Dis aux parents qu'il faut être fort et trouver rapidement un sens à notre départ. Les épreuves sont des expériences pour grandir et évoluer. Il est normal de vivre sa peine, mais il faut bien la vivre, sans s'apitoyer, car c'est la pire chose à faire. Cela ne mène à rien.

Quand les gens verront la mort comme une étape de vie naturelle, tout sera plus facile pour eux. Quelques religions bloquent l'énergie vers cette pensée, car, depuis longtemps, on enseigne aux gens que l'âme vient sur terre, puis meurt et attend patiemment le paradis, la résurrection. Ils ne croient pas en la réincarnation, la renaissance, l'évolution.

Il y a des gens, par contre, qui ont une grande foi en Dieu, et ils s'appuient sur cette foi pour se sortir de leur deuil. C'est bien aussi. Tu as remarqué, maman, comme il y a de moins en moins de jeunes qui vont prier dans des endroits sacrés comme l'église. Pourtant les gens évoluent d'année en année. Ils prennent conscience que Dieu n'est plus seulement dans l'incompréhensible divin mais dans une logique merveilleuse. Le retour à la source divine qu'est la nature, l'amour des autres, le don de soi, le respect de chacun, l'ouverture d'esprit, l'équilibre de l'âme, du corps et de la raison est en lui-même un état spirituel conscient qui n'est pas dicté par la peur et l'obligation. Ceux et celles qui croient en la vie après la mort ont une raison plus évidente de vivre le plus justement possible et en accord avec soi-même tout en se donnant le droit de faire des erreurs pour apprendre et évoluer vers Dieu. Sinon, à quoi servirait cette vie sans but et sans justice?

Les paroles de la guide, Anouk, au sujet de la mort

La mort n'a pas de nom, n'a pas de dimension, elle est un état d'âme, un état d'être. Chaque âme attend avant de s'incarner, attend des parents idéals. Pendant neuf mois, elle se forme à l'énergie. C'est cela, la transformation! L'âme a un destin à suivre et elle le suivra. Par la suite, elle sera conduite par l'énergie pour préparer sa prochaine vie.

Voyez ceux qui vous ont quittés, comme ceux qui restent, avec les yeux de votre âme, alors vous aurez moins de difficultés à être en leur présence et vous verrez en eux des éléments que vous ne voyiez pas. Vous laisserez donc vivre en vous ce qui transpirera d'eux. Un jour, l'amélioration et l'amour universel pourront suivre leur cours.

Vos émotions seront moins grandes si vous êtes capable de dédramatiser la mort. La mort est seulement la distance entre ce que vous voyez et ce que vous ressentez. Si vous ressentez au plus profond de vous-même que cette mort a été une naissance pour cet enfant et une naissance pour tous ceux qui ont vécu du chagrin pour cette mort, alors vous verrez que l'âme repose en paix. Votre âme, qui est à l'intérieur de votre corps et qui a de la peine à cause de cet événement, sera soulagée parce qu'elle acceptera que sa limitation ne doit pas se suffire d'un corps physique. Au fond de votre cœur, l'âme continue à vivre, autant que la femme qui est enceinte sait que son enfant vit même si elle ne le voit pas.

Pour réussir à transcender la perte physique d'un être humain, il faut absolument être capable de voir qu'à l'intérieur de soi, on est plus qu'un corps physique. Ainsi, vous serez toujours en communication avec cet enfant, car il vous entendra dans votre cœur, dans votre esprit. Quand vous lui parlerez, il ressentira l'amour, alors qu'en entretenant la peine et les remords, vous l'empêcherez de continuer sa route. Pour lui aussi il est difficile de comprendre qu'il n'a plus de corps. Si vous êtes capable d'avoir autant d'amour pour lui que pour vous-même, il acceptera sa mort et poursuivra sa vie. De le ressentir au fond de vous serait un soulagement pour vous autant qu'un soulagement pour lui. Après son décès, votre enfant est plus près de vous, car il vous accompagne et vous protège dans vos choix. Il est là en énergies et en vibrations. Il est toujours présent avec vous pour vous guider, comme vous le demandez chaque jour, dans la joie. Vous pouvez être certain qu'il est au ciel et je vous dirais même qu'il est près de Dieu dans une dimension d'unification, car Dieu est un état d'âme.

Francis s'est élevé dans le ciel, car au fond de vous tout a changé. C'est plus facile pour lui depuis que son papa a accepté de vivre sans lui.

Prendre soin de soi

Le corps physique est important, car, sans lui, on ne peut vivre sur terre. Il est le véhicule qui nous permet de vivre des expériences humaines. Prends-en bien soin et aime-le. Fais-toi plaisir et offre-toi de l'attention et de la bonté. Respire de l'air pur, va marcher, continue d'être active et alimente-toi bien. La base de tout est la santé, la nature, la présence de ceux que l'on aime et le sentiment de paix intérieure et de bien-être général.

Vois ce qui est beau autour de toi. Ne te laisse pas déprimer par des gens qui manquent de joie de vivre. Choisis les personnes qui te font du bien et qui te rendent heureuse. Ne t'isole pas trop. Essaie de rencontrer des gens pour éviter l'ennui. Prends ce temps comme un repos régénérateur pour l'âme, pour l'évolution personnelle. Que le ressourcement occupe une grande place pour toi, afin que tu puisses affronter les prochaines années. Tu apprécieras d'avoir pris du temps pour faire le travail le plus ardu qui soit, c'est-à-dire se connaître et apprendre à être en paix avec soi-même. Ce travail demande beaucoup d'énergie et de réflexion. Lorsque je te sens remplie de sérénité, je suis moi-même en paix.

C'est très bien de ressentir le besoin d'aider les autres par des paroles ou des gestes d'amitié et d'amour. Mais, parfois, quand tu ressens le besoin de te reposer, fais-le sans hésiter. Rejette la culpabilité et écoute ton corps. Apprends à te satisfaire de tes réalisations spirituelles. C'est par la méditation et le ressourcement intérieur que nous sommes en mesure de nous rejoindre. Rappelle-toi comment tu es en paix en ressentant mon énergie.

Le couple

Là où je suis, des âmes choisissent d'évoluer ensemble. Lors d'épreuves comme la perte d'un enfant, il faut, en tant que couple, déterminer les valeurs prioritaires. Vous rejoindre tous les deux dans vos convictions ne va pas de soi. L'amour demeure si vous le désirez vraiment dans le fond de votre cœur. Par la communication, il survivra.

Aujourd'hui, l'être humain change facilement de cap, mais ce qui est important, c'est de toujours aller là où son cœur se sent le mieux. Quel que soit l'attachement que l'être humain a créé, le plus grand est celui d'aimer d'âme à âme et d'être ensemble.

Lorsqu'on apprend à être des amis, des amants, un mari et une femme, on doit apprendre à être soi-même en premier lieu. Quand on perd un de ces trois contacts, on s'enfonce dans l'isolement et on devient une personne qui s'éloigne de son centre humain et de l'objectif premier de cette union qui est de vieillir ensemble. Il faut savoir créer et non pas savoir détruire. Si les gens se détruisent parfois, c'est qu'ils apprennent à accumuler les peurs et à envier les autres.

Votre cheminement vous mènera tous les deux, papa et toi, à de merveilleuses expériences évolutives qui vous feront grandir dans une éner-

gie de grâce, de bonté et de sagesse. Le bonheur, l'amour, le don de soi, la liberté, tout cela vous appartient, et vous n'avez qu'à l'entretenir pour continuer à être heureux.

Maman, je te remercie d'avoir compris que je voulais me marier et également de m'avoir laissé dormir avec celle que j'ai mariée. Tu as, dans ton cœur, écouté mes désirs et je vais te libérer. Je ne veux pas que tu aies de la peine. La souffrance te sera enlevée.

Les enfants qui restent

La seule chose que vous pouvez faire pour eux, c'est d'apprendre vous-même à être heureux, car ce que vous dégagez, les autres autour le ressentent. Plus vous serez bien, plus l'essentiel sera perçu par l'enfant.

Quelle que soit la perception, quelle que soit la dimension, quand on apprend à être heureux avec soi-même, les gens autour de soi le ressentent et le deviennent également. On ne peut pas faire au-delà de ce que l'on est.

Si l'enfant a choisi ses parents avant sa nais-

sance, c'est parce qu'il a besoin d'eux tels qu'ils sont. Ils n'ont pas besoin de faire plus que ce qu'ils peuvent. Soyez vous-même et vous reconnaîtrez en vous de grandes choses. Faites votre possible et ils sentiront l'énergie que vous avez.

Tu sais, maman, il est difficile, lorsque l'on est enfant, de comprendre qu'il y a de la vie de l'autre côté et que l'on est fait d'énergies et de vibrations invisibles à l'œil humain. Mais fais comprendre à mon frère que je suis souvent près de lui, que je l'aide à être heureux et que je l'aime beaucoup.

Ce sont vos agissements bien plus que vos paroles qui restent gravés dans la mémoire d'un enfant. Quand on a un bel exemple de vie pendant son enfance, on le garde en héritage et on a le goût de le transmettre.

L'amour que l'on donne est éternel et rempli de bonheur. Votre enfant doit se sentir libre de ses choix sans jugement de votre part. Cela vous sera rendu plus tard. Les enfants ont besoin que vous leur parliez, ils ont besoin de se sentir en confiance. Les changements de l'adolescence doivent se vivre dans l'harmonie, la joie et l'amour, dans la compréhension et la patience. Ce qui est dit aux enfants n'est pas important comparativement à ce qui se dégage de soi. L'enfant apprend par ce qu'il voit et par ce qu'il ressent de ses parents. Quand on dégage de l'assurance et de la motivation, l'enfant vit et se nourrit de cette énergie, de cet amour. Il apprend, tout comme un adulte, à pardonner et à faire des expériences.

Sauver les autres

Vous ne pouvez pas sauver les autres sur la terre. Vous ne pouvez pas prendre la responsabilité de leur cheminement. Ce ne serait pas une bonne façon d'aider. Dieu prendra le poids de leur peine, quelles que soient vos croyances. Sur la terre, vous y venez seul, vous repartez seul. Il faut comprendre que la vie est une expérience. On ne peut épargner aux autres leurs problèmes. Ils doivent les vivre et les expérimenter avant de les comprendre. Cela leur appartient.

Il est important de bien vivre et d'être heureux pour rendre les autres heureux. C'est une chaîne qui se bâtit maille par maille. Chacun doit faire son cheminement à son rythme.

On ne peut faire les choses à la place d'une

autre personne; dans son évolution, l'âme doit passer à travers les étapes qu'elle a choisies pour en sortir grandie et épanouie.

Je pressens au fond de toi, maman, l'âme désireuse de voir les gens vivre dans la paix. C'est très bien de vouloir leur bonheur, mais il y a des âmes qui doivent se prendre en main et travailler elles-mêmes sur leur évolution.

Leurs vies passées y sont pour beaucoup. Ton impuissance dans certains cas fait monter en toi un sentiment de culpabilité. Détache-toi et, dans ton cœur, souhaite qu'ils trouvent la paix. Les gens que tu dois aider viendront sur ta route et ils seront capables d'intégrer ton message petit à petit. Ceux qui ne veulent pas comprendre, parce qu'ils ne sont pas prêts, ne peuvent pas recevoir ce que tu as à leur donner. Prie seulement pour qu'un jour ils prennent conscience que la vie peut être merveilleuse malgré les épreuves.

Le pardon et la culpabilité

Le pardon est essentiel dans la vie. La rancune ne mène à rien d'autre qu'à la souffrance intérieure, voire à la maladie. Envoie de l'amour à ceux qui te blessent. C'est difficile parfois d'aimer quand l'autre nous blesse, mais il faut comprendre son geste et lui pardonner ce qu'il n'a pas acquis encore dans son évolution.

Il n'y a pas de méchants sur la terre, seulement des gens malheureux.

Il ne faut pas regretter le passé. On ne doit s'en référer que pour renforcer notre présent. Il faut se rappeler ceux qui habitent en nous, dans notre cœur, et qui y habiteront toujours. Vous êtes une âme dans un corps humain et votre corps a besoin de se transformer pour retrouver l'équilibre.

Chaque jour, votre enfant perçoit la lumière qui émane des gens qui ont quitté ce monde et qui souffrent, non pas de leur propre état, mais de percevoir de l'affliction chez ceux qui restent. En apprenant à vous libérer d'une peine, d'une émotion néfaste, vous apprenez à dégager l'énergie qui favorise une meilleure harmonie avec les disparus et aussi avec vous-même. Il faut vivre pour eux et vous serez en mesure de vous pardonner et d'alléger par le fait même votre cœur.

Ce que j'apporte avec moi dans mon bagage

restera toujours gravé comme étant une fierté d'avoir appris à être heureux, d'avoir reçu une discipline de vie et d'avoir été bien avec moi-même.

Papa, je sais que tu as eu de la difficulté à venir ici (chez la femme médium) *parce que tu y croyais plus ou moins, mais je pense que ta foi en moi a fait en sorte que tu as enfin accepté. Tu dois arriver à ne pas te culpabiliser; se punir est très facile. Tu dois être capable de me voir avec ton cœur plutôt qu'avec tes yeux. Je t'ai emmené ici pour que tu puisses voir qu'il y a de la vie après la mort. Tu as toujours dit que Dieu existait, et je pense que tu ne l'as jamais vu; maintenant je suis comme lui. Il faut prier pour ceux que l'on aime. Je suis comme une bougie : même si tu ne me vois pas, au fond de moi, il y a toujours une flamme qui reste accrochée à toi, accrochée à maman et à mon frère que j'aime tant. C'est avec l'amour de soi et des autres que l'on réussit à être heureux.*

Tu ne dois pas être malheureux pour moi, tu dois seulement être heureux et vivre pour moi. Faire de chaque joie quelque chose que j'aurais aimé vivre avec vous. Je pense que c'est la plus grande façon de me rejoindre.

Quand tu as de la peine, c'est toi que tu punis. Je pourrais être comme toi et me sentir coupable d'être parti, mais je me pardonne et je sais que je peux être encore plus présent pour toi en t'aidant à être heureux. S'il existe une lumière, aussi loin qu'elle puisse être en toi, elle sera en contact avec moi.

Vous, parents, vous sentez-vous coupables d'avoir été sévères parfois avec votre enfant?

Il est tout à fait normal pour des parents de vouloir donner à leurs enfants des valeurs fondamentales pour mieux vivre dans ce monde terrestre. C'est un acte d'amour grandiose que d'éduquer correctement son enfant. Il faut laisser à l'univers ce petit morceau de culpabilité qui reste au fond de soi.

L'enfant sait qu'il fera ce bout de chemin avec son père, sa mère, avec ses frères et ses sœurs avant même le début de sa naissance. Il faut le répéter : si l'enfant choisit ses parents, c'est parce qu'il a besoin d'eux comme ils sont. Soyez vous-mêmes et vous reconnaîtrez en vous de grandes choses.

Le cheminement

La meilleure façon de retrouver la foi à l'intérieur de soi, c'est d'apprendre à se connaître, à connaître ses limites et non pas continuellement celles des autres. Il faut être conscient de ce que l'on ressent; ce que l'on voit passe au second plan.

Vous avez à côtoyer la foi continuellement. Avec cette tragédie, vous voulez retrouver la dimension de vos pouvoirs. Vous avez retrouvé votre foi, retrouvé la conscience que la mort n'a pas de nom, n'a pas de dimension, qu'elle est un état d'âme, un état d'être. Vous avez renoué avec la capacité de déterminer vos priorités dans vos valeurs profondes.

Là où votre cœur et votre âme iront, les gens que vous aimez seront là. Si vous conduisez votre vie en voyant ce qu'il y a à l'intérieur de vous, vous aurez toujours le bonheur. Si vous ne vous limitez qu'à l'apparence, vous conduirez votre vie sur un plan extérieur. Vous aurez l'image du bonheur plutôt que le sentiment du bonheur. Soyez heureux, ne fléchissez pas et vous serez comblés d'avoir appris à entrer en vous et à rester en accord avec toutes les dimensions de votre être.

Maman, j'aimerais bien t'éviter de vivre encore des moments douloureux, mais ils font partie de votre vie humaine. Tu as beaucoup travaillé pour trouver les ressources nécessaires au fond de toi et t'en sortir. Rappelle-toi que tu vieilliras en perdant plusieurs personnes autour de toi. Souviens-toi aussi que c'est le plan de vie de chacun et que chaque âme doit revenir au bercail à la suite de sa vie terrestre, si courte soit-elle.

Il est normal et humain, par moments, que tu aies le goût de tout balancer et de prier pour que je revienne sur terre; mais tu sais que ce n'est pas possible, et tu n'irais pas dans le bon sens du chemin. C'est important d'être bien là-haut, donc fais le bien sur la terre, tout le bien que tu peux en étant toujours consciente que tu en récolteras le bonheur et la paix par la suite. Vis avec ton cœur, décide avec ton cœur, aime avec ton cœur. Remercie le ciel pour chaque parcelle de vie, qu'elle ait une valeur infime ou immense. Ne vois que le positif et aie du plaisir. Fais ce que tu as envie et savoure chaque moment le plus intensément possible. Tes valeurs, tes choix représentent l'essentiel. Garde cette idée de vivre pleinement ta vie sans jamais perdre de vue son importance.

La tristesse enfouie au fond de toi s'écoule toujours un peu plus pour faire place à la sérénité. Tu désires être en contact avec l'autre monde, car tu cherches sans cesse l'énergie et les vibrations dont tu as besoin. Tu les retrouves en te recueillant et en t'unifiant avec moi et l'énergie divine.

La vie antérieure

La dimension de la vie antérieure est reliée à un héritage que votre mémoire a effacé. Votre âme a choisi le plan de vie qui retournera l'énergie à son potentiel premier. Ce n'est que de cette façon que pourra s'effectuer la réparation des erreurs au cours des vies passées.

Il y a de tout, négatif ou positif, dans le monde des expériences qu'on appelle la vie humaine. Cette vie offre la possibilité de régénérer le plan global, de retourner à l'essentiel et de permettre à l'âme de s'élever un peu plus vers Dieu.

Il est important de voir que la grande courbe, entre le début et la fin d'une existence terrestre, peut être parsemée chaque jour de petits abandons, de petites morts. Par ces renoncements, l'être humain est plus conscient de ce qu'il apprend; chaque émotion, chaque sentiment doivent être transcendés pour atteindre la plénitude intérieure. Le corps aussi a besoin de se régénérer par l'énergie que fournit l'environnement physique et moral d'autrui. Cela crée un lien avec le passé, qui ramène toutes ces notions de dépassement. Pourquoi donc certaines personnes vivent-elles des cauchemars, des intuitions, des perceptions du passé? C'est qu'au fond d'elles-mêmes, elles ont des souvenirs inconscients reliés à d'autres vies. Pour arriver à les contrôler, elles doivent se pencher sur tous les angles de ces manifestations, ne plus faire appel au passé au moyen de références négatives et désormais se servir d'éléments positifs. Vos vies antérieures parlent.

Nous choisissons des expériences spécifiques, mais le chemin que nous prenons pour les vivre doit mener l'âme à lâcher prise.

Maman, j'étais bien avec vous trois et votre environnement. J'ai vécu heureux, mais je devais partir, comme il était convenu avant mon incarnation, pour vous trois, pour une prise de conscience, pour la spiritualité, pour l'amour de

Dieu. J'ai quitté non sans peine. J'ai été malheureux, mais votre triomphe sur cette épreuve m'a permis d'aller mieux; mon âme peut maintenant poursuivre son évolution.

La naissance

Il faut comprendre que vous êtes vous-mêmes un esprit qui a décidé de s'incarner. Pendant qu'une femme est enceinte, elle ne se fait pas de soucis. Elle sait que l'enfant vit parce qu'elle est enceinte, elle sait qu'elle verra la matérialisation de son enfant.

Vivre la venue d'un enfant, en étant totalement présent, est un beau moment pour ressentir les énergies qui viennent de l'autre monde. Ces énergies sont fortes, et lorsqu'on y est sensible, elles peuvent nous inspirer et nous forger une vision plus limpide de ce qu'est réellement le passage d'une âme vers la vie terrestre. Ce n'est pas toujours facile pour l'âme, mais, si elle est bien préparée, alors tout se fera en douceur dans la paix et la sérénité.

Ce n'est pas une partie de plaisir d'être sur terre. Il faut se battre continuellement pour être heureux. Il faut être conscient de tout pour comprendre les gens, leurs gestes, leurs sentiments, leurs émotions; pour comprendre la vie, tout simplement. On vient sur terre pour apprendre, pour s'élever, pour évoluer.

Il y a tant de tentations en ce bas monde. Il faut se protéger des mauvaises énergies et apprendre à donner de l'amour même (et surtout) à ceux qui nous blessent parfois. Les épreuves se succèdent et trop de gens ne sont pas aptes à recourir aux forces et aux ressources intérieures que Dieu leur a données, car ils les ont enfouies au plus profond d'eux-mêmes. Pourtant, la clé est là, au fond du cœur de chaque être humain.

Le destin et le but de l'existence

Votre fils avait déjà signé son contrat avec l'univers. Il devait partir. Il était venu apporter à votre famille une énergie pour favoriser une ouverture spirituelle plus grande. Les difficultés que l'on rencontre sur la terre se présentent pour que l'on puisse dépasser ses propres limites et mieux se camper sur ses vraies valeurs.

D'où je viens, il n'y a pas de temps, il y a seu-

lement des énergies, des vibrations. L'être humain a des lignes de pensée et des perceptions que l'âme exige d'aller chercher et qui sont planifiées avant la conception. L'âme choisit son plan de vie et ses expériences spécifiques, mais elle peut dévier si l'être n'a pas appris de ses expériences, car chaque personne jouit du libre arbitre.

Quand le temps est venu, l'âme retourne vers une autre dimension pour continuer à cheminer sur d'autres plans avant sa prochaine incarnation. Des repères spécifiques sont tracés, mais d'autres sont laissés sans contrainte à l'âme, selon ce qu'elle vient accomplir pour les autres ou pour soi. Quelquefois, elle peut avoir des dettes familiales, commerciales ou personnelles qui relèvent de son karma. D'où je viens, le matériel n'existe pas. Il y a seulement des états d'âme que l'on doit dépasser.

On entend souvent dire que certains malheurs sont imputables à Dieu. Allons donc! Dieu est impartial. C'est vous qui créez les limites, les émotions, les sentiments qui élaborent votre destin. C'est vous qui y mettez l'importance et votre propre pouvoir.

Avant même votre naissance, vous choisissez ce que votre corps, le véhicule qui abrite votre âme, doit supporter, traverser, améliorer ou revivre avec autrui pour, par la suite, passer à une autre élévation. Ce qui est important, ce n'est pas ce que vous voyez avec vos yeux d'humains, mais ce que vous avez dépassé intérieurement. Le plus grand livre qui existe sur la compréhension de l'âme est celui qui repose en vous. Si vous vous mettez à l'écoute de votre âme, vous verrez que le chemin tracé est celui qui vous conduit vers votre destin.

Nous, en tant qu'esprits et énergies de lumière, nous vous appuyons là où vous en ressentez la nécessité. Par exemple, si vous cessez de mettre de l'emphase sur votre insécurité financière, nous ne verrons plus l'obligation de développer votre réflexion sur cet aspect. Nous vous enverrons donc d'autres inspirations, sous d'autres formes, comme vous l'aviez prévu avant même votre venue au monde.

Il faut sans cesse revenir à la base pour respecter le plan de vie.

L'amitié et l'amour universel

Maman, tu as la chance d'être entourée d'a-

mies, de personnes dont tu reconnais au premier instant la bonté. Continue de t'abreuver de leurs paroles, de te nourrir de leurs énergies pour poursuivre de si belle façon. Ton amie Jacynthe est une perle précieuse. C'est pourquoi tu as tant besoin de sa compagnie. Elle est simple, honnête, authentique, naturelle et positive. Elle possède une belle philosophie de la vie, et votre relation est primordiale. Je sais que tu l'apprécies beaucoup et que tu l'as choisie pour vivre avec toi de si grands moments. Elle a toujours su t'écouter et t'aider. Elle a été un ange qui a pris une partie de ta peine et elle l'a transformée en joie, en amour. Cette amitié qui vous lie toutes les deux en sera une qui grandira à jamais.

Chaque personne a un message à nous transmettre; ceux de tes amies te ramènent à l'essentiel de la vie, à son sens véritable. Ces personnes ont un amour profond à t'offrir, et il est important d'utiliser cette énergie pour grandir et apprendre à travers chaque petit moment de la vie.

N'oublie pas, maman, envoie de l'amour à ceux qui te blessent, car, je le répète, ce sont de grands souffrants et non des méchants. L'amour universel doit entrer dans ta vie pour chaque personne que tu rencontres. Tu dois travailler sur cet aspect pour te sentir mieux. L'amour attire l'amour. C'est un effet de retour. On peut jouir de la vie tout en pratiquant le respect d'autrui et la tolérance sur les différences de chacun.

Lorsqu'on est bien dans sa peau et heureux sur tous les points, il suffit de transmettre cette joie de vivre, cet amour, et de faire partager nos croyances et notre force pour grandir encore et faire grandir les gens qui nous entourent.

Tu ne peux pas aimer et te sentir en harmonie avec toutes les âmes sur la terre. Souhaite-leur simplement de l'amour, de la paix, du bonheur et tout sera parfait. Par la pensée et la méditation, aide celles qui souffrent à sortir de leur état. Ne te juge pas trop sévèrement. Certes, il faut voir en soi les travers de sa personne pour s'améliorer, mais il est essentiel de garder ses qualités à l'esprit pour pouvoir s'en servir. L'âme doit être en équilibre avec son corps.

Le bonheur

Le bonheur n'est pas un objet qu'on achète, ou qu'on acquiert facilement de l'extérieur. Il habite en soi. On est heureux le jour où l'on apprend à écouter la voix de l'intérieur plutôt que celle qui nous incite à trop exiger des autres.

Tu es capable d'aimer profondément et d'offrir ce que tu as de plus beau en toi, car tu te sens bien et ton cœur est léger et non rempli de peine et de ressentiment. Il y a donc une grande place pour ceux que tu choisis d'aimer. Tu mérites leur amour comme eux méritent le tien.

Il appartient à chacun de faire son propre bonheur pour qu'il puisse ensuite rejaillir sur les autres. La base de tout est l'amour. L'amour de soi, l'amour des autres, l'amour universel. En suivant cette règle immuable, il est beaucoup plus facile de cheminer vers la lumière. Il faut faire les bons choix et commettre les bonnes actions pour se construire une vie heureuse. Il faut vivre pour soi et rester authentique. Tout commence par l'amour de soi. Ouvrez votre cœur aux autres. Soyez généreux de votre personne. Vous n'en récolterez que du bonheur.

La réussite et les biens matériels

En tant qu'humain, nous n'avons pas le

choix d'acquérir des biens matériels, car ils sont essentiels pour notre survie; mais nous ne devons pas nous y attacher. Rien ne vaut la richesse intérieure. Si vous cherchez la réussite matérielle, vous ne trouverez qu'illusions. Il vous faut découvrir le trésor que renferment vos capacités, et vos rêves deviendront réalité. Tout est possible si vous croyez en vous.

Maman, beaucoup de gens se referment et cherchent, à l'extérieur d'eux-mêmes, des ressources qui ne les satisfont aucunement. Ils se jettent ensuite sur des succédanés nuisibles comme l'alcool, les drogues, le jeu, et ils s'enfoncent de jour en jour. Tu vois, malgré mon départ, tu es redevenue heureuse, si ce n'est encore plus qu'avant. Aujourd'hui, tu sais ce qu'est la paix intérieure. Tu n'as pas à te sentir coupable de cette réussite rapide. J'en suis si heureux. Je suis fier d'avoir accompli ma mission pour toi.

Les rêves

Certes, il est important de faire des gestes et non pas seulement de rêver. Cependant, les rêves que tu fais t'apporteront beaucoup. Ils indiquent souvent la voie à suivre. Également, des déli-

vrances peuvent s'accomplir par les rêves. Il est important d'en faire l'analyse pour bien identifier ce que l'au-delà ou l'inconscient veut t'enseigner. Les rêves sont un outil de plus pour mieux guider tes pas. Tu peux, par les rêves, ressentir mon énergie, te mettre en contact avec toute la vibration du temps passé.

Le coma

J'ai tenu à ces jours où je me suis trouvé dans le coma et je l'ai savouré. Je sais que c'était difficile pour vous, car je ne vous répondais pas, mais je ressentais si fort votre amour. J'entendais vos paroles. Je le redis : j'étais heureux et malheureux à la fois de devoir vous quitter. Ma place n'était plus parmi vous en ce monde. Je devais suivre le cours de mon évolution. C'est vrai, j'ai mis du temps à m'y faire, mais votre grande force m'a donné du courage et j'ai compris que je devais entreprendre mon ascension pour vous aider et pour pouvoir communiquer de nouveau. J'ai compris que nous serions heureux chacun de notre côté en sachant que l'autre se porte bien et vit heureux. Je suis soulagé de constater que vous vous en sortez et que vous êtes capables de sentir ma présence. Je suis bien vivant et heureux dans ce monde céleste. C'est cela, la foi!

La prière

Il est important de prier pour nous, enfants décédés. La prière nous aide à nous élever dans les cieux et à retrouver la lumière. Pourrais-tu m'aider en priant avec moi?

Que le corps du Christ et son sacrifice puissent élever l'âme; que les vibrations du Père, du Fils et de l'Esprit saint, cristallisées en une seule énergie, fassent régner la spiritualité et unifient dans l'harmonie la terre, les mers, l'air, l'eau, les vivants..., tout ce qui existe en ce monde.

Petites pensées

Maman, je t'offre ces quelques pensées que tu pourras lire lorsque tu auras besoin de t'arrêter un peu et pour que tu te souviennes du but que tu t'es fixé. Elles t'aideront à te remettre sur la route du bonheur.

Entoure-toi de gens positifs.

Tu ne peux pas aimer tous les gens de la même façon. Il est normal d'éprouver des sentiments plus forts pour certains.

Les gens qui nous aiment ne sont pas ceux que l'on voit mais ceux que l'on ressent.

Le silence est paix, mais la parole est vertu si elle est transmise au bon moment.

Les enfants sont encore tout près de l'au-delà et ils ressentent les émotions beaucoup plus que les grandes personnes. Écoute ce qu'ils ont à dire.

Comprendre et accepter sont deux choses bien différentes.

Tout arrive pour apprendre dans la vie.

Il ne faut pas attendre la maladie pour dire aux gens qu'on les aime et qu'ils sont importants, car la vie humaine peut s'arrêter si rapidement sur terre. Vis ta journée présente comme si c'était la dernière, ne t'empêche jamais de dire je t'aime et de faire plaisir autour de toi, car demain il sera peut-être trop tard.

Comme le dit la fable, on apprend souvent des plus petits que soi. Ne juge jamais.

La vie est difficile et fragile, mais si belle quand on le désire vraiment.

Nous avons tous un guide qui veille sur nous et qui nous protège. On peut le rejoindre au moyen de la communication par la pensée, en étant en contact avec sa voix intérieure. Sois à l'aise, demande-lui de te couvrir de sa protection. Par exemple, demande-lui de passer devant toi lorsqu'une situation te fait peur. Tu seras surprise de ce qu'il peut t'apporter. Fais-lui confiance, il est toujours là près de toi.

Laisse la vie suivre son cours, elle se chargera de tout arranger pour le mieux. Prends chaque jour comme un cadeau du ciel, en profitant pleinement de chaque moment et de chaque être qui t'entoure.

Reste toujours consciente que tu es unique et que seule l'authenticité préserve l'être humain contre le mal tout en améliorant son bien-être.

Bravo, maman!

Nous avons réussi ensemble à réaliser notre plus grand souhait, soit celui de pouvoir aider les gens à regarder vers la lumière. Les gens ressentent souvent un grand vide intérieur, mais ton livre aura certainement pu leur apporter un bien-être profond qui ne sera pas éphémère, car il est lié directement à l'Amour divin.

Tu es une maman pour plusieurs enfants, qui comme moi sont avec Dieu et qui ont besoin que tu aides aussi leur maman à voir qu'ils ne sont pas partis, qu'ils sont simplement différents.

Les mamans, qui ne voient pas leurs enfants, pourront maintenant les ressentir dans leur cœur et savoir qu'ils sont très heureux.

Je t'aime et je serai toujours là pour toi.

Un dernier mot

Parents attristés qui, comme moi, avez perdu une partie de vous-mêmes à la suite du décès de votre enfant, je sais, c'est une très grande épreuve à vivre, sans doute la pire de toutes. Chercher à vous persuader du contraire n'aurait pas été convenant ni réaliste. Cependant, j'espère de tout cœur que, grâce à ces pages, vous pourrez ouvrir votre cœur et votre esprit pour comprendre que votre enfant n'est pas très loin, juste de l'autre côté, et qu'il vit encore dans un monde qu'il ne nous est pas donné de voir avec nos yeux d'êtres humains.

Je souhaite aussi ardemment vous avoir donné le courage et la force de traverser votre deuil et vous avoir transmis ce goût de vivre qui vous amènera à accomplir votre mission sur terre.

DISTRIBUTEURS EXCLUSIFS

Distributeur pour le Canada et les États-Unis
LES MESSAGERIES ADP
MONTRÉAL (Canada)
Téléphone : (514) 523-1182 ou 1 800 361-4806
Télécopieur : (514) 521-4434

Distributeur pour le Benelux
S.D.L. CARAVELLE
BRUXELLES (Belgique)
Téléphone : 0032 2 240 93 00
Télécopieur : 0032 2 216 35 98
info@sdlcaravelle.com

Distributeur pour la Suisse
TRANSAT S.A.
GENÈVE
Téléphone : 022/342 77 40
Télécopieur : 022/343 46 46

Distributeur pour la France et autres pays européens
HISTOIRE ET DOCUMENTS
CHENNEVIÈRES-SUR-MARNE (France)
Téléphone : 01 45 76 77 41
Télécopieur : 01 45 93 34 70
www.histoire-et-documents.fr

Dépôts légaux
1er trimestre 2004
Bibliothèque nationale du Canada
Bibliothèque nationale du Québec

AGMV Marquis
MEMBRE DE SCABRINI MEDIA
Québec, Canada
2004